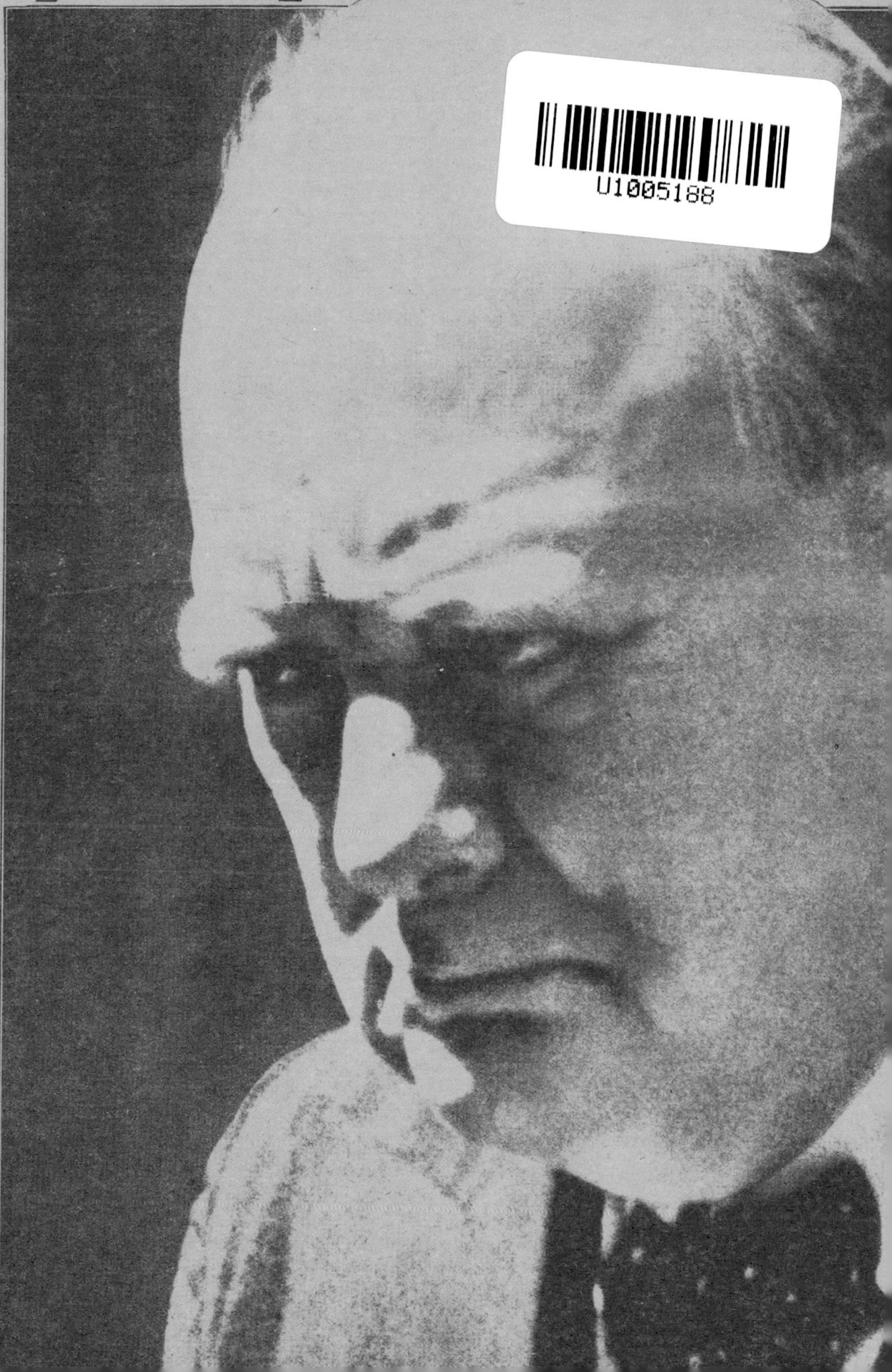

伦敦博弈

Five Days
in London
May 1940

改变“二战”
进程的
五个日夜

[美]
约翰·卢卡斯
——著
John Lukacs
王志欣——译

新世界出版社
NEW WORLD PRESS

著作权合同登记号：京权图字01-2017-7667号

图书在版编目（CIP）数据

伦敦博弈：改变“二战”进程的五个日夜 / (美) 约翰·卢卡斯著；王志欣译. -- 北京：新世界出版社, 2018.8

书名原文: Five Days in London：May 1940
ISBN 978-7-5104-6544-4

Ⅰ. ①伦… Ⅱ. ①约… ②王… Ⅲ. ①第二次世界大战—历史—研究—英国 Ⅳ. ①K561.46

中国版本图书馆CIP数据核字(2018)第111592号

伦敦博弈 ：改变“二战”进程的五个日夜

作　　者：[美] 约翰·卢卡斯
译　　者：王志欣
策划编辑：熊文霞
责任编辑：熊文霞
责任印制：王宝根
出版发行：新世界出版社
社　　址：北京西城区百万庄大街 24 号(100037)
发 行 部：(010) 6899 5968 (010) 6899 8705（传真）
总 编 室：(010) 6899 5424 (010) 6832 6679（传真）
http://www.nwp.cn
http://www.nwp.com.cn
版 权 部：+8610 6899 6306
版权部电子信箱：nwpcd@sina.com
印　　刷：三河市嘉科万达彩色印刷有限公司
经　　销：新华书店
开　　本：880mm × 1230mm　1/32
字　　数：159 千字　　印　　张：7.75
版　　次：2018 年 8 月第 1 版　2018 年 8 月第 1 次印刷
书　　号：ISBN 978-7-5104-6544-4
定　　价：46.00 元

目录

前言　*001*

第一章　命运的关键　*005*

第二章　5 月 24 日，星期五　*047*

第三章　5 月 25 日，星期六　*093*

第四章　5 月 26 日，星期天　*117*

第五章　5 月 27 日，星期一　*153*

第六章　5 月 28 日，星期二　*179*

第七章　幸存　*207*

致谢　*241*

前言

Preface

我研究这段历史颇有时日了，究竟是怎么开始的，已经不可考。大约 40 年前，也可能甚至是 50 年前，我就开始在想，1940 年 5 月的最后几天，也许对第二次世界大战的结果有着决定性的意义。这个念头，或曰想法，甚至可能只是一种感觉，与我的信念是一致的——我一直认为，“二战”中最重要的阶段是 1941 年 12 月之前的那一段，也就是说，是在美国加入这场战争之前，这也恰恰是德军第一次从莫斯科撤退的时间——此后，希特勒仍可能打赢一些重要的战役，但他已经没有可能赢得整场战争。正是因为有了这样的认识，1968 年我决定写一部较大部头的著作，即《最后的欧洲战争，1939—1941》，这本书最终于 1976 年出版。该书写作期间，恰逢英国政府决定将其大部分文件的封闭期从 50 年缩短为 30 年，那是 1970 年。于是，1971 年我便在伦敦逗留了几周，时间大都花在国家档案局（Public Record Office）。我很可能属于第一批翻阅、研究 1940 年五六月间内阁文件的人。从内阁文件中读到的内容证实了我的怀疑（如果确如文件所述），即当时伦敦的那几天至关重要，而且这并不仅仅是因为佛兰德斯（Flanders）和法国的军事形势已呈灾难态势——当时，丘吉尔在战时内阁中处境之艰难，远非很多人，包括当时的历史学家所能想象。但是，由于《最后的欧洲战争，1939—1941》的视野、容量和特殊的结构，我只能用3页的篇幅来讲述这一段，而这3页都在第一部分，也就是该书的叙事部分。

转眼就过去了16年。其间我写了四五本其他的书，每本主题各不相同。1989年，蒂克纳·菲尔兹出版社（Ticknor & Fields，现已不复存在）的约翰·赫尔曼（John Herman）来找我。他是我当时的编辑和出版商，也是我的朋友。他问我，接下来我可能会想写些什么。我想了一下，说："一本关于1940年的书——更确切地说，是关于1940年5月10日到7月31日的这80天，这是温斯顿·丘吉尔（Winston Churchill）与阿道夫·希特勒（Adolf Hilter）对决的80天。"在写《对决》（*The Duel*）期间，我又在英格兰的国家档案局和其他档案馆待了几周。在这本书中，大约有十四五页的篇幅用来讲述1940年5月的最后一个星期。然后，在完成《对决》的手稿7年之后，在我现在的出版商耶鲁大学出版社编辑部主任的鼓励下，我决定回头再写写那几天的历史。1997至1998年间，为了研究的目的，我两次回到伦敦，阅读了大量的档案文件和私人文集，思路更加开阔，想法也更为深入。书各有命：这就是本书的故事。

所以，我们不妨说，这本书完成了一段不那么平衡的三部曲：从《最后的欧洲战争，1939—1941》中的3页到《对决》中的15页，再到本书的220页（英文版页数）。或者，也可以说，是从宏观历史到微观历史。前两天一个朋友半真半假地问我：“你下本书会不会叫‘伦敦三小时’？”不，不会的。

这里我必须要提一下，前面提到的几本书，从视野到结构都大相径庭。作为一个历史学家，我似乎很难归到某个类别里，我也不是英国政治史、社会史或军事史专家。不过，有一点还是需要考虑的。在过去15到20年的时间里，关于丘吉尔、关于哈利法克斯（Halifax）、关于战局中的政治，英国历史学家写了很多颇有价值的文章和专著，部分研究中也包括了1940年5月的那5天。但是，恕我冒昧，我敢说，比起其中很多人，我有一项优势，这就是我对希特勒的了解——或者，更准确地说，我非常熟悉与希特勒有关的文件和其他材料，特别是1940年的相关文献。如果不能理解希特勒所说所想，不搞清楚他离1940年5月那场战争的胜利曾是多么切近，丘吉尔和哈利法克斯在战时内阁的二次“对决”就会显得没那么重要。它可能只是一闪而过的怀疑，是两个人物之间的冲突，是现代英国政治史上的一个脚注而已。过去、现在，我们都有理由这样看待、对待1940年5月伦敦的那5个日子。这样的态度也并非一定是出于狭隘或过分的专业化。重点突出的历史观通常颇多裨益，而视野铺得太开有时则深度不足。但是，在这本书中，我努力将专家术业专攻下的敏锐与更广阔的视角相结合，因为我已经意识到，视角的的确确就是现实本身的一个组成部分：总而言之，在伦敦的那5个日夜里，英国甚至整个世界所面临的危险，比大多数人能想到的都更严重、更深重。

第一章

命运的关键

Chapter One

The Hinge of Fate

转折点。两种描述。——德国浪潮之壮观。——黑色两星期。——英国士气问题。——对丘吉尔的怀疑。——民意与民情。——“外表平静，内心焦灼。”

本书试图重现可能改变了整个世界的那 5 个日夜的历史。地点是在伦敦，这 5 天是 1940 年 5 月 24 日到 28 日，周五到周二。斯时斯地，阿道夫 · 希特勒只差一步就可赢得第二次世界大战，这场属于他的战争。

有一个人知道当时希特勒离最后的胜利到底有多近，这个人就是温斯顿 · 丘吉尔。在战后的年月里，他把自己的战争回忆录的第四卷题名为"命运的关键"（The Hinge of Fate）。该卷讲的是 1942 年的事情。这一年年底，德军在多条战线被击退。1942 年 11 月，丘吉尔对英国人民说，这尚不是结束的开始，但可能是开始的结束。对希腊、北非和苏联战场来说，1942 年 11 月的确是军事命运的关键——军事转折点。即使到了那个时候，英国仍无法打赢这场战争。最后，美国和苏联做到了。但是，1940 年 5 月，没有***输掉***这场战争的人是丘吉尔。当时当地，他拯救了英国，拯救了欧洲，拯救了西方文明。关于命运的这个关键点，他的战争回忆录即《第二次世界大战回忆录》，几乎只字未提。

在国家和民族的历史中，转折点往往是一场战役，或是一场革命中的某个事件：更准确地说，是战争或革命中事件和进展的突然转变。转折点不是里程碑，后者是一个可以确定的地点，有具体的经纬度，是可以预见的，是线性的，有一定的发展序列。转折点则可能发生在某个人的头脑中，可能意味着方向的转变，其所引发的后果多种多样，变幻莫测，往往只有到了回顾过去的时候才能意识到。有时候转折点也是可以预见的，但通常无法确定。在这段历史中，作为转折点的时刻发生在 5 月 28 日，星期二，在这一天稍晚的时候。那一刻，丘吉尔在斗争后下定了决心。他宣布，无论发生什么样的事情，英国都将继续战斗。***无论发生什么样的事情***，不会与希特勒进行和谈。他这样重述对外围内阁级大臣的讲话：

> 那一天是 5 月 28 日，星期二。到那天为止，我已经一个星期没去下议院了。在这期间再发表任何声明也不会有什么益处，议员们也没表示出这样的要求。但是，每个人都已经认识到，我们军队的命运，甚至比这更重要的事情，都可能在这一周结束之前就迎来了最后的决定。“下议院，”我说道，“应该准备好迎接沉重的坏消息。我只想补充一点：在这次战役中，无论发生什么样的事情，都不会让我们放弃誓死保卫世界正义事业的责任，也不会摧毁我们勇往直前的信念和力量。正如历史上很多关键时刻一样，我们有力量冲破重重灾难和困苦，直至最终击败敌人。”自从内阁成立以来，除了战时内阁成员，我并没有会晤很多同僚，只与个别人见过面，因此，我觉得应该

在我下议院的办公室，召集战时内阁成员以外的内阁大臣开个会。当时，我们大约有25个人在座。我向他们阐述了事态的发展过程，坦率地说明了我们的处境以及成败难料的种种。之后，我并没有把这作为一个特别的要点，只是漫不经心地说："当然，无论敦刻尔克发生什么，我们都将继续战斗下去。"

大家对此言的反应让我颇为惊讶。想想这次集会的性质——25位经验丰富的政客和议员，战前，无论是对是错，他们代表的是各种不同的意见。而这时候，有好几位似乎是从桌边跳起来，跑到我的椅子跟前，一边大声喊叫，一边用力拍我的后背。毫无疑问，在这个紧要关头，如果我在领导这个国家时稍有踌躇，他们肯定会把我从办公室扔出去。我相信，每位内阁级大臣都情愿马上牺牲生命，情愿家庭和财产遭受破坏，也绝不愿屈膝。在这一点上，他们代表了整个下院，也代表几乎全体英国人民。我感到，在接下来的几天、几个月中，我有责任在合适的场合表达他们的心情。我想，我是能够表达他们的心情的，因为他们的心情也正是我的心情。一股不可抗拒的熊熊烈火燃遍了我们这个岛屿的每个角落。*

这段话相当鼓舞人心，这是典型的丘吉尔式的演讲，充满想象力、表述力和揭示力，同时又诚恳坦率。这段话也闪耀着少许丘吉

* 丘吉尔，《最光辉的时刻》（*Their Finest Hour*），99—100页。

尔式的大度，这可能是他最优秀的品质。他表示，他的不屈不挠，必要时的视死如归，都不过是代表了其他人的决心而已。*但是，丘吉尔略过未提的部分非常关键。此处，以及在《最光辉的时刻》其他章节中，他都只字未提之前的4天。那4天里，他经过艰苦的努力，最后终于让战时内阁同意了他的想法。他一直计划着把内阁级大臣召集在一起，开这么一个有点儿特殊的会，他知道，在这次集会上，他的支持者为数众多，而且可以直言不讳。此外，他当时的话可不是“漫不经心”地说出来的，他也并非“没有把这作为一个特别的要点”。

休·道尔顿（Hugh Dalton）的回忆录和日记对这次集会有更充分的描述。从本质上来讲，这些描述的口吻和丘吉尔的无甚大的差别。道尔顿崇拜丘吉尔。“他相当了不起。在这个时刻，他，唯有他，才是我们需要的那个人。”但是，道尔顿提到的有些细节值得考虑。“他很坚决，”道尔顿这样评价丘吉尔，“他一定要让公共舆论准备好接受坏消息，而且，当然可以说，当时法国北部发生的一切可能是几百年来英国遭受的最惨烈的军事失败，这是有一定事实依据的。”根据道尔顿的回忆，当时丘吉尔是这么说的：

“过去这几天我认真地思考过，我肩负的责任中，到底包

* “毫无疑问，在这个紧要关头，如果我在领导这个国家时稍有踌躇，他们肯定会把我从办公室扔出去。”谁把他扔出去？在座的这些人吗？那谁来接替他？还有人在对抗希特勒这个问题上比丘吉尔更坚决吗？

不包括考虑是否跟那个人进行和谈的问题。”*

有人可能会想，与其继续战斗，一决胜负，我们不如现在就谋求和平，这样或许可以从德国人手上拿到更好的条件。这种想法毫无意义。德国人会想要我们的舰队——他们会称之为“裁军”，他们还会想要我们的海军基地，以及其他更多的东西。我们会变成一个奴隶属国，当然，他们会设立一个英国政府，这个政府会成为希特勒的傀儡，“由莫斯利（Mosley）或其他类似人物来领导”。这样下去，我们的结局会怎样？从另一方面来看，我们储备丰富，优势很多。因此，他说道：“我们将继续战斗，在这里也好，在别的地方也罢，我们一定要决出胜负。如果最后这个漫长的故事注定要结束，结局最好不是屈膝投降，而只能是我们滚倒在地上，失去了知觉。”†桌边一片表示赞同的低语。我想，这些人中，埃莫里（Amery）、劳合勋爵（Lord Lloyd）和我（道尔顿）的声音最响。大家并没有再说什么。没有任何人表现出哪怕一丁点的动摇或反对……很显然，虽然那把旧雨伞‡想早点儿逃跑——他和战时内阁的

* 这第一句话引自道尔顿的《命运攸关的年头》（*The Fateful Years*），335页。其余部分恰好和《休·道尔顿的“二战”日记》（*The Second World War Diaries of Hugh Dalton*）27—29页中的一篇日记内容一致。

† 道尔顿在书页空白处插了一句：“如果我们这个岛屿的漫长故事最后终将结束，就让它仅以这种方式结束吧，让我们每个人都躺倒在地，因自己的鲜血而窒息。”（可能多年以后道尔顿将这篇日记拿给丘吉尔看了，丘吉尔就加上或改动了这个句子。）

‡ 指张伯伦。这里道尔顿搞错了：主张和谈的主要发言人是哈利法克斯，不是张伯伦。见下文第2章到第5章。另外，“跳起来……一边大声喊叫，一边用力拍我的后背”的情节发生在会议要结束的时候，而不是会议的中间。道尔顿：“分别的时候，有几个人走过来跟他说话，我则凭借身高的优势，拍了拍他的肩膀……”

其他成员都没有参加这次会议，温斯顿想的一直都是另一条路。

18 天前，5 月 10 日，丘吉尔成为英国首相。那天下午稍晚的时候，他坐车从白金汉宫返回海军部大楼，当时他住在那里。他坐在司机后边，旁边坐的是他的贴身保镖——警察 W. H. 汤普森（W. H. Thompson）。丘吉尔一直都没有说话。当时汤普森觉得，可能应该向丘吉尔表示祝贺。“我只希望，您是在更好的时候登上这个位置，现在您的任务太艰巨了。”丘吉尔的眼睛湿润了。他对汤普森说：“只有上帝知道，这个任务到底有多艰巨。我希望还不算太晚。我真担心已经晚了。我们只能全力以赴。”* 接下来的两周里，灾难接踵而来。我感觉必须先把这些灾难做个总结，然后再回到伦敦的那 5 个日夜。

◆ ◆ ◆

“我希望还不算太晚。我真担心已经晚了。”请注意，丘吉尔这么说的时候，正是他取得了个人胜利的时刻，此时西欧的战争尚未展开。在那个时候，丘吉尔也从来不曾低估希特勒。然而，就连丘吉尔也不知道，接下来的两周里，希特勒将会取得最辉煌的胜利——无法想象、无法抗拒、可能也是最终的胜利。

在这些事情过去大约 60 年之后，在 20 世纪走向尾声的时候，

---

* 汤普森，《与丘吉尔的 60 分钟》（*Sixty Minutes with Winston Churchill*），444 页。

人们普遍的认识是这样的：希特勒是个狂热分子，是个独裁者，他发动了一场战争，让大半个世界都站在了他的对立面，这样一场战争，他注定是要失败的。这种观点有一定道理，但还不够。这种观点的不足可以用8个字来总结：他*并非*注定会失败。他代表了20世纪全球事务中的一股巨大浪潮。这股浪潮的力量来自德国人民的活力、纪律、他们的自信和服从，以及他们的生命力。希特勒成功地将德国人民团结在了一起，这是历史上任何其他领袖都未能做到的。他有一支国家军队可以依靠，这支军队的表现让人敬畏，成了世界的奇迹。此外，在德国以外的地方，在很多人心目中，希特勒的统治，他的政权和思想，代表了一种新的主要力量，可以替代正在侵蚀欧洲的自由民主主义和“国际”共产主义。在10年的时间里，这一思潮逐渐涌起，掀起惊涛骇浪，将各种障碍逐一击破并最终淹没。到了1940年5月，这股浪潮似乎已经无法抗拒：在很多地方，很多方面，也的确已经无可抗拒。

1933年1月30日，希特勒成为德国元首。很多人都没有意识到这到底意味着什么，更遑论意识到其重要性。这一点，从当时世界各主流报纸的报道和评论可见一斑。* 人们低估了他的个人能力，偶尔还就此对他进行嘲弄。德国的保守派政治精英们出手帮他安排了这个任命，他们以为可以掌控此人。事情恰恰相反，他们都成了

---

* 早在1930年10月，丘吉尔就已经意识到了希特勒的重要性，两年半以后希特勒才成为德国元首。伦敦德国大使馆的参事是俾斯麦的后裔，在大使馆用餐时，他觉得丘吉尔的话很重要，于是向柏林做了报告：“希特勒当然宣称无意发动世界大战，但丘吉尔相信，希特勒及其追随者们会抓住任何机会，重新诉诸武力。”

他的仆人。更重要的是，很快他就成为德国历史上最受欢迎的领袖，而当时的德国人很可能是整个世界范围内受教育水平最高的民族。第一次世界大战失利以后，德国人一直饱受痛苦与耻辱的折磨，现在这种感觉渐渐消退，随之而来的是日益高涨的民族自信浪潮。德国绝大多数民众对希特勒的信任已经到了让人讶异的程度。

接下来的一段时间里，世界似乎仍未意识到他作为一名政治家的能力。当然，这样的认识将会改变，而且，变化来得很快。希特勒的第三帝国只用了 3 年的时间就取代法国成为欧洲强国——虽然法国和多国结盟，而希特勒连一个盟友都没有。一个又一个条约从军事、政治、经济、外交各方面对德国进行限制，希特勒均置之不理。他的威望不但丝毫未减，反而有所提高，而且并不仅限于在德国人民中。很快，欧洲多国领导人开始向他寻求善意，至少，他们努力避免让他产生彼此可能是对手的感觉。墨索里尼觉得，这个德国领袖似乎代表了未来的潮流，应该和他站在一条战线上。英国政府、英国保守党以及很多英国群众的意向就没那么简单了。他们倾向于至少目前暂且相信这个新德国。英国对德国的绥靖政策背后有多种动机，有些我们将在后文理清。在斯坦利 · 鲍德温（Stanley Baldwin）任首相期间，这样的倾向就已经很明显，但最能代表这种倾向、最支持这种倾向的，则是内维尔 · 张伯伦，他 1937 年开始担任首相一职。在绥靖问题上，最明确、最坚定地反对张伯伦的是温斯顿 · 丘吉尔。在丘吉尔漫长的政治生涯中，1937 年这一年，很可能是他的公众声誉和政治声望的最低点。

就在此时，阿道夫·希特勒决定把他的政权推进到德国疆域之外，改造一下欧洲版图。当时仍然有人认为，此人没有任何治国的天赋。很快，他们就将目瞪口呆，至少，希特勒会让他们愣一下神。1937 年 11 月，希特勒对他的将领们说，虽然英国以及唯英国马首是瞻的法国可能会瞧不上奥地利和捷克斯洛伐克，所以战争还没到迫在眉睫的程度，但也不妨做一下开战准备了。这个判断非常准确。两周之后，张伯伦（他显然没有意识到希特勒的计划）派他的密友哈利法克斯勋爵对德国进行友好访问，这次访问很大程度上是与希特勒的会晤。这进一步加强了希特勒的判断。哈利法克斯很谨慎，他一贯如此（这次访问他很谨慎，不过并非周全），但他暗示希特勒，只要德国不发动战争，希特勒想实现他的野心，英国政府是不会站到德国的对立面的。1938 年 2 月，安东尼·艾登（Anthony Eden）辞去张伯伦内阁外交大臣的职务，他的位置由哈利法克斯接替。丘吉尔在他的《第二次世界大战回忆录》中提到，他马上就意识到这一变化是个噩兆——他本来是个最能睡的人，却几乎一夜未能成眠。*

1938 年是属于希特勒的一年。3 月，他未费一枪一炮，便占领并吞并了奥地利，而且，还伴随着奥地利民众洋溢的热情。很快，他又把目光转向捷克斯洛伐克，成功将其分裂，把其中的一大部分，连同几百万讲德语的捷克斯洛伐克人，都并入他的纳粹德国，而捷克斯洛伐克剩下的地区几乎已经沦落为附属国。我们可别忘了

* 关于 1938 年哈利法克斯勋爵生命中另一个重大的不眠之夜，见 64—65 页。

这样的事实：捷克斯洛伐克不同于奥地利，它是有军事同盟的：苏联是它的盟友，更重要的是，法国也是它的盟友，而法国身后，似乎站的是英国。“似乎站的是”，这才是问题的症结所在。如果没有英国一起，法国不会开战，而英国并不想和德国交战。主要原因是英国没有准备——的确，英国在军事方面没有准备。但是，在这些现实的盘算之外，隐藏于这样的盘算深处的，是英国民众、英国的公众舆论，以及英联邦自治领的首脑们并未打算为了捷克斯洛伐克发起另一场欧洲战争。甚至这都不是问题的全貌。还有张伯伦的想法，他不仅是想拖延，也想避免和希特勒正面交锋，即使在极端情况下，他也倾向于姑且相信希特勒。于是就有了最后一刻的慕尼黑会议。在这次会议上，捷克斯洛伐克成了牺牲品，张伯伦不但得到了解脱，还至少暂时对英德之间的默契有了信心，因为这可能意味着“我们时代的和平”。丘吉尔反对张伯伦的做法，但他的反对无济于事。在对下议院发表的重要演讲中，丘吉尔表示这完全是个错误，“我们已经遭受了完全、彻底的失败。”他的讲话颇具前瞻性和揭示力，但我们只有在回顾历史时才能认识到这一点。丘吉尔当时不但属于仅有的几个焦虑的少数派，他个人的声望和影响亦仍处于低点；他差一点就遭到自己选区选民的弹劾。而且，我们还可以加上一句，丘吉尔在一个重要问题上判断错误。对于西方民主国家来说，1938 年 10 月加入战团将会带来灾难性的后果。* 从道义的角度

* 他认为 1938 年斯大林领导下的苏联会站在捷克一边参战，他也错了。直到 1948 年，他才写下这一段，见他的《第二次世界大战回忆录》第一卷。但是斯大林比法国更不情愿兑现他与捷克的军事协定。

来看，丘吉尔可能是正确的；但就现实的考量而言，他错了。

与此同时，希特勒在德国备受推崇——被认为是欧洲，甚至整个世界最强势的国家领导人。但是，他可不是按照政治家的经典模式塑造出来的。他冷酷无情，深感时局对他不利。消化战利品和巩固胜利并不能让他满足。1939年3月，他犯了个严重的错误。他挥师布拉格，把捷克斯洛伐克支离破碎的残山剩水都并入他的纳粹德国。这样一来，他不但食言，而且背信。6个月前，他说这是“我最后的领土要求”（诸如此类的话）；他曾发誓他的主要目的是要按照民族自决的原则［唉，伍德罗·威尔逊（Woodrow Wilson）也曾经支持、信奉过这个原则］，把所有的德意志民族都团结到一个帝国中，把非德意志民族都排除在外。他的出尔反尔直接导致英国如梦方醒，态度瞬间发生彻底转变。一开始，张伯伦的打算是接受既成事实，也就是说，接受希特勒占领捷克斯洛伐克，毕竟，慕尼黑会议已经注定事情发展下来会产生这样的最终结果。但是，公众舆论和媒体的压力实在太大了，甚至连张伯伦的外交大臣哈利法克斯都不再赞同对希特勒的绥靖。哈利法克斯的影响很大程度上导致了张伯伦在伯明翰的发言，这是在希特勒进入布拉格3天之后。这一发言实际上是英国政府的声明：“到此为止，下不为例。”进入布拉格一周之后，希特勒又侵占了立陶宛以前属于德国的一片领土，而且德国宣传机器开始对波兰展开活动。现在，英国政府向波兰许下保证，目的是想让希特勒打消念头。这没起到任何作用；但是，无论如何，连张伯伦都不得不考虑参战的可能，而且这时丘吉尔的声望正在上升。他并没有说“我跟你讲过”这样的话的习惯，但是，在希特勒的问题上，事实似乎证明他是正确的。1939 年的整个夏天，张伯伦仍希望和希特勒达成某种形式的妥协。然而约束太多，条件苛刻，已无妥协的可能。希特勒侵略波兰的当天，张伯伦邀请丘吉尔加入他的内阁，担任英国海军大臣。直到最后一刻，张伯伦都是不情愿向德国宣战的。但是，到了 9 月 3 日这一天，他已经别无选择。

希特勒希望英国不会向他宣战。在这一点上，他错了。不过，有一点他并没有弄错——他知道，张伯伦和英国政府并不情愿加入战团。实际上，除了宣战之外，英国和法国也不会再做得更多，甚至也许什么都不做，可能在海上除外。当时被普遍接受的想法是，当德军在波兰作战时，盟军沿所谓的齐格菲防线发起地面进攻，这不但可行，而且可以起到决定性作用。实际上这个想法简直毫无道理：盟军实施地面进攻并无可能，因为没有这样的计划；之所以没有这样的计划，是因为这毫无可能。结果就是长达 8 个月的、美国记者口中的“假战争”（Phoney War），也许叫“勉强战”更好些。这 8 个月中，丘吉尔的声望逐渐提高，已经有很多人愿意忽略他的错误。1940 年 4 月初，当希特勒对丹麦和挪威发起侵略时，事情到了紧急关头。这恐怕是整场世界大战中希特勒迈出的最鲁莽的一步。英国的表现让人牙疼。海军根本没跟德国人交上手；海军无法阻止德国军队沿挪威漫长的海岸登陆；英国军队所到之处，这儿也好，那儿也罢，总是很快就惨兮兮地后撤；

德国军队行军速度比他们快，耐力比他们好，几乎处处打得他们落花流水。为此丘吉尔要负大半责任。正是因为他企图让英国军队出现在挪威沿海，才促使希特勒决定进攻挪威，而且他给英国舰队下达的指令也往往显得他执迷不悟。

尽管如此，在挪威的失利仍然导致张伯伦内阁垮台。越来越多的人感觉，张伯伦不是那个能够领导英国走过战争的人，由此下议院开始了热烈又混乱的讨论。在一次关键的投票中，张伯伦的几十名保守党成员放弃了他。丘吉尔站在张伯伦一边，毫无保留地表现了对张伯伦的忠诚，尽管他知道，属于他自己的时刻可能已经到了。5 月 9 日，张伯伦决定，他必须要辞职了，必须要成立一个包括工党大臣在内的国民政府。他中意哈利法克斯做他的继任者。大部分保守党人都中意哈利法克斯。国王也中意哈氏。仍然有很多人不信任（虽然暂时藏而不露）丘吉尔。但是哈利法克斯提出了异议。他是上议院成员，这就产生了宪政问题，当然这个问题应该可以解决。工党是否接受他尚在两可之间，当然这也不那么确定。让他在这个问题上做出决定的是他自己的判断。他感觉，哈氏内阁是无法掌控斗士丘吉尔的。5 月 10 日下午晚些时候，丘吉尔去了白金汉宫。回来的时候，他成了英国首相。

8 年后，他写道，他“强烈地感到如释重负”：“最后，我终于获得指挥全局的大权了。”*但是，难道他没有对警察汤普森说：

* 丘吉尔，《最光辉的时刻》，667 页。〔译者注：此处作者似乎弄错了，这句话实际出现在《风云紧急》中，即丘吉尔《第二次世界大战回忆录》的第一卷，而非第二卷。〕

"我希望还不算太晚？"骑手总有忧患意识。

这是很有道理的。5 月 10 日是个历史性的日子，这一天还发生了个重大的巧合。"巧合是精神上的双关。"切斯特顿（Chesterton）这一天的双关可不仅仅是精神上的。一大早，德国开始进攻西欧。对此，希特勒不但早有预谋，还精心选择了主要进攻方案——这次，作为军事家和指挥家，他将再次被低估。希特勒在他位于德国和比利时边境的指挥部关注着这场战役的进展。这个晴天霹雳和丘吉尔在 5 月 10 日这天登上首相的宝座没有任何关系；丘吉尔的任命几乎是前一天才决定下来的。我们也无从得知，当丘吉尔任职的消息传到希特勒耳朵里的时候，他是否有所触动。他对丘吉尔心存蔑视，因为丘吉尔坚持反对他，也因为他了解丘吉尔的性格和个人习惯。他低估了丘吉尔——后来的事实证明，这是个错误，当然，要到数月之后，这个错误才变得明了。希特勒觉得，丘吉尔撑不了太久，英国政府内部大多数人并没有丘吉尔这样好斗的表现和好战的天性。

希特勒的判断并非全错。上任 3 天以后，丘吉尔出现在下议院，保守党人对他热情寥寥，甚至并未表示任何欢迎。很多保守党议员似乎处在一种轻微的情绪余波之中，对一时冲动把张伯伦拉下台觉得有点儿羞愧。戴维森勋爵（Lord Davidson）在给斯坦利·鲍德温的信中写道："托利党人并不信任温斯顿……在关于战争的第一次冲突结束之后，也许会出现一个更健全的内阁。"* 丘

* 引自吉尔伯特（Gilbert）《最光辉的时刻》（*Finest Hour*），327 页。科尔维日记（Colville Diary）（丘吉尔档案馆，下文略作 CA），5 月 11 日："白厅似乎倾向于认为温斯顿已经彻底失败，内维尔会卷土重来。"

吉尔深知，他对保守党、对张伯伦有多么倚重。他对张伯伦的态度既慎重，又宽宏。（“我在您的掌握之中，”他在给张伯伦的信上这样写。）他在内阁中引入了一些新人，但内阁的结构并没有根本性改变。这一切历史学家都很清楚，现在，让我们回到那些对他不信任的蛛丝马迹上。5 月 13 日，丘吉尔发表著名的“热血、汗水、辛劳、眼泪”的演说，现在读起来是那么的感人至深、真挚诚恳，而当时下议院的很多保守党议员对这篇演说的反应并不是太好。

但是现在我们需要考虑的是一波波更重大、更富有戏剧性、也更可怕的事件：丘吉尔在其首相任期的前两周，迎来了各种让人崩溃的灾难。英国和丘吉尔的灾难，德国和希特勒的胜利。事实证明，这是一支新的模范德国军队，铁血般的民族自信把他们凝聚在一起，拥有新型指挥人才，具备新的视野，装备新的武器，准备打一场新型战争。开战 3 天以后，德军冲破了赛丹的法国防线。荷兰投降。布鲁塞尔被放弃。到了第十天，德军已经打到英吉利海峡，这是整个第一次世界大战期间他们都没能到达的地方。佛兰德斯和比利时的法军和英军陷入困境。在很多地方，法军都未做任何抵抗。丘吉尔两度飞越英吉利海峡前往巴黎，鼓励法方领导人，但于事无补。法方一些军事首脑和政客开始考虑，是否可能通过墨索里尼的调停与德军签订休战协议。墨索里尼差一点儿就要宣布意大利将站在希特勒一边加入战团。法英军队原计划进行反攻，给前进中的德国武装巨鳄从鼻子处来上一刀*，这个计划并没有实现。英国，以及丘吉尔本人，现在不得不考虑让英国远征军横渡英吉利海峡——前提是如果可能的话。英法军队被迫退至布洛涅和加来，这两处当时正在德国人的团团包围之下。而且，如果说法国军队打得不好或根本没打的话，在比利时作战的英国军队也好不到哪儿去（空军也许是个例外，但是空军试图轰炸重要桥梁时也铩羽而归）。地面作战中，除了在阿拉斯有过一次失败的反攻，英国远征军就没跟德国人真打过什么仗；比起法军，英军的后退更为有序，但仍然是接二连三地撤退。

德国人似乎所向披靡，整个世界都为之震惊。希特勒也一样。他简直不能相信自己的好运。只有这次，他比手下的将领们都更谨慎；也只有这次，他的自信有点儿摇摆。自信是希特勒最大的优点，在他整个军事生涯中，对于对手的弱点，他都有一种野性的、本能的了解，这是他自信的源泉。但这次他有些紧张、焦虑。他的德国军队能做成什么，他不是完全清楚。在德国军队推进最快的两天里——17 日和 18 日，他不断地提醒将领们防备英法军队的反击，但反击并没有出现。他心里还有一件也许更重要的事。他认为，英国应该很快就会意识到，和他对阵是徒劳无益的。他相信，丘吉尔作为领袖的日子屈指可数，很快英国就将厌恶丘吉尔，转而回应他的和平提议。5 月 21 日，希特勒告诉弗朗茨·哈尔德将军（General Franz Halder）："我们在努力就世界的划分与英格兰方面取得联

* 5 月 15 日，面对参谋长委员会，丘吉尔提到了这次"突出部之役"。

系。”英国人迟早会醒悟。他，希特勒，正横跨历史的伟大浪潮，代表着现在，很可能也代表着未来。丘吉尔还在岸上挣扎，他代表的是废弃无用的过去。希特勒还认为，他拥有绝大多数德国人的信任和忠诚，丘吉尔可不敢以为有那么多英国人信任他。他大错特错了吗？也对，也不对。他没错，是因为事情***看起来***确实如此。虽然从长远来看，事情的真实进展和人们所以为的进展可能并不一致，但短期内这两者是分不开的。他错了，是因为大多数英国人拒绝承认希特勒离最终的胜利已经很近，更不承认他们自己离最后的失败也已经很近。但是，他们的战斗气势并非毫不动摇，他们对丘吉尔的不满还没有——至少此刻还没有——消退。

在递交给战时内阁的一份简报中，罗伯特·布思比（Robert Boothby，保守党议员，丘吉尔的支持者）5月20日写道，希特勒的德国军队代表了“孕育中的一种难以置信的***趋势***——年轻、刚健、充满活力、来势汹汹——以一种无人可挡的气势向前推进，去推翻腐烂的旧世界。我们必须时刻记住这一点，因为这是纳粹力量和权威的主要来源。”* 西线战事真正打响的当天，张伯伦在日记中写道，约瑟夫·肯尼迪（奉行失败主义的美国大使）告诉他，看不出来没有了法国，英国怎么还能坚持下去：“我告诉他，我也看不出来。”†5月15日，亨利·波纳尔（Henry Pownall）中将在日记中估量了法国军队在默兹和赛丹的情形，他写道：“因为德军一位营级

* CA，20—21页。6月19日，在给丘吉尔的信中，布思比又重新谈起这个问题。

† 张伯伦日记，5月10日，NC2/24A。

指挥官表现出来的决断，三支军队需要撤退。"*5 月 17 日，信息部向战时内阁建议："需要做更多的工作来让公众了解形势的严峻，很多人对此一无所知。"†很多人一无所知，也许吧，但肯定不是所有人。5 月 14、15 日，约 25 万人在当地警察局排起长队，报名加入本地防御志愿者，很快，他们的名字将出现在地方志愿军的名单中。5 月 17 日，在去往美国的途中，上流社会摄影师塞西尔·比顿（Cecilia Beaton）在日记中写道："我自己的勇气严重受挫，交谈过的人一个比一个沮丧……上流社会各个圈子都陷入恐慌情绪中。"‡陆军将领埃德蒙·艾恩赛德爵士（Sir Edmund Ironside）是帝国总参谋部参谋长，同一天，他在日记中这样写："此刻似乎是整个历史上最惨烈的军事灾难。"§

18 日，塞缪尔·霍尔爵士（Sir Samuel Hoare）在日记中写道："内维尔彻底出局。一切都结束了。美国也无济于事。我们再也无法把我们的军队从德军包围中解救出来。就算勉强冲出来了，也剩不下一枪一弹。"¶（他写下这些的时候，德军甚至还没有打到英吉利

---

* 波纳尔，《参谋长》（*Chief of Staff*），邦德（Bond）为之写了非常漂亮的序。波纳尔将军很有头脑，但对人的判断有时不够准确。1939 年，他夸奖法国的洪齐格将军（General Huntziger）："脖子上长了个特别聪明的脑袋。"（214 页）除了其他问题，洪齐格还要为阿登高地和默兹的法军防卫疏于准备负责。关于 1938—1939 年间的陆军大臣莱斯利·霍尔 – 贝利沙（Leslie Hore-Belisha），他写道："一个籍籍无名、头脑简单、坑蒙拐骗的政治犹太崽。"（203 页）关于丘吉尔，1936 年，他这样写："丘吉尔当然无可救药。"

† 战时内阁 65/7，5 月 17 日。

‡ 引自考尔德（Calder），《人民的战争》（*The People's War*），166 页。

§ 《艾恩赛德日记》，316—317 页。稍早一些，3 月的时候，也是这个艾恩赛德，他这样写道：德国人很穷，"他们在西线的进攻会输得惨不忍睹"。（241 页）

¶ 霍尔日记，5 月 18 日，Ⅻ/2，引自一篇极为出色的博士论文，埃努夫（Esnouf），"英国政府的战时目标及态度"（*British Government War Aims and Attitudes*），189 页。

海峡。）

就在同一天，丘吉尔在发给伊斯梅将军（General Ismay）的一封急件的结尾处，第一次提到了法国有可能投降的问题："参谋长委员会必须考虑一下，派一半所谓的装甲师去法国，难道还不够吗？我们必须准备好，事实可能是法国会得到更优惠的媾和条件，所有的担子都要落在我们肩上。"*5 月 19 日，从内阁回来，沿着"陆军部丑陋的楼梯向（自己的）房间走去时，艾恩赛德将军对安东尼·艾登（Anthony Eden）说：'大英帝国的末日到了。'他说这话的时候语气平淡，似乎只是在陈述一个军事事实。他觉得，我们在孤军奋战的情况下，恐怕只能抗击德军几个月而已。"†19 日，奥利弗·哈维（Oliver Harvey）在日记中写道："伦敦的富裕阶层弥漫着失败主义情绪。"‡同一天，张伯伦在日记中写道："局面……每个小时都在恶化。"一天之后，他写道："焦虑无可化解。"到了 21 日：形势陷入"绝望"。23 日："又一个黯淡的日子"。法国军队"什么都没做"，他们的将领"卑鄙到极点"，士兵"除了极个别的，不要说抵抗，连行军都不想了"。§

21 日夜里，丘吉尔的新秘书约翰·科尔维（John Colville）写道："在贝蒂·蒙塔古（Betty Montagu）的公寓进晚餐，努力不去谈

---

* CA，20/13。

† 艾登，《最后的审判》（*The Reckoning*），107 页。（但是他也写道："有一天，战时内阁得到的消息比往常更让人气馁，首相隔着桌子看着我，说：'大概得让 17 号上场了，是不是？'"17 号是丘吉尔最喜欢的筹码，也是他在蒙特卡洛和戛纳的轮盘赌中的决胜筹码。）

‡ 埃努夫，"英国政府的战时目标及态度"，90 页。

§ 张伯伦日记，NC1/20，劳勒（Lawlor）的《丘吉尔和战时政局》（*Churchill and the Politics of War*）亦曾引用，54–55 页。

论战争，但做不到……显然，人们开始渐渐明白整个局势到底有多么恐怖。”* 查尔斯 · 沃特豪斯（Charles Waterhouse）是保守党议员，与丘吉尔没有什么交情。5 月 22 日，他在日记中写道：“很多地区明显都是一副‘大势已去’的态度。”†

“很多地区”有点儿太过模糊，而且可能也有些夸张。“大势已去”——这样的失败主义情绪也觉察不到，至少在普通民众身上是觉察不到的。而且，我们要注意的是，这几天（21 日到 24 日，周二到周五）舆论和政府都还在期待阿拉斯——亚眠的英法军队发起对突击部的联合反攻（这样的预期也是假消息造就的），这几天还传来法军最高指挥官换将的消息，毛利斯 · 甘末林将军（General Maurice Gamelin）被解职，换上的是被寄予厚望的马克西姆 · 魏刚将军（General Maxime Weygand）；这几天布洛涅、加来、敦刻尔克仍在盟军手中，而且前两个地方驻满了英格兰派过来的部队。但士气似乎已经垮了下来，更要命的是，陆军部的无能越来越明显。22 日，德军开始了对布洛涅的围攻。陆军部定购的装备多是由大型舰艇“基督城号”（*City of Christchurch*）运过来的，这些武器包装得不得法，大半不能使用。“晚上 9 点，由于德国空军突袭，船员和装卸工拒绝继续（卸货）。”一位军官“甚至不得不把其中几位船员严密看管起来”。‡ 同时，两支英国精锐部队，即维多利亚女王步

---

* 科尔维日记，5 月 21 日：“但是，我觉得，当贝茨说‘我们不会被打败，就算巴黎和伦敦沦陷，我们也一定会赢’的时候，她代表了整个国家的典型心态。”直到 5 月 23 日，科尔维还一直把“敦刻尔克”拼错。

† 见罗伯茨（Roberts），《著名的丘吉尔主义者》（*Eminent Churchillians*），159 页。

‡ 尼夫（Neave），《加来的火焰》（*The Flames of Calais*），50 页。

枪旅和步枪旅（绿夹克部队）的一个营，于22日和23日乘船到达加来，受命由陆军准将克劳德·尼科尔森（Claude Nicholson）指挥，这是一位英勇的军官，后来在被德军关押期间过世。正如艾雷·尼夫（Airey Neave，丘吉尔主义者）所写："虽然我们可以说丘吉尔'誓死'守住加来的决定是多么多么英明，但（这些部队）被仓促派往法国的方式可有点儿丢人……（他们的故事）是一出闹剧与悲剧的合体……他们得到的指令模糊得让人无比焦躁，对于到达加来后要做些什么也是一头雾水。"5月23日，当德军的炮弹开始落下时，装卸工再次拒绝工作；一位步枪旅的军官不得不去"各种各样的洞穴和角落"*把他们找到，强迫他们出来。

在这关键的几天中，伦敦指挥部的表现，亦即陆军部对战事的掌控，简直让人难以置信。就当时的情形来看，完全可以用懒散、无能、混乱来形容。

◆ ◆ ◆

这些日子丘吉尔的地位并未动摇，或者说，尚未动摇。也许这要归功于英国人习惯性的慢条斯理；也许是因为似乎还没找到可以代替他的人，也无人提出与之不同的大政方针，这个可能性似乎更大一些。但是，他过去的记录——他的那些错误，他古怪的性格，

---

* 同前，56页、85页。

仍然是他的包袱，虽然他本人并不这么看。然而，这里我们还是有必要简要地归纳一下这包袱里到底有些什么，也看看到底有哪些对他不信任的蛛丝马迹。在这几个飞快黯淡下去的日夜中，他自己所在的党内就有不少人对他报以怀疑的目光。

“虽然丘吉尔出身贵族家庭，人们却普遍认为他并不是一个真正意义上的绅士。恰恰相反，他往往被描述成一个很有天分但不折不扣的‘下流胚’。”人们“普遍不信任他，认为他脾气喜怒无常，没有足够的判断能力，却巧舌如簧（酗酒无度）……在他整个政治生涯的多数时候，他周身都散发着讨人嫌的气息，声名狼藉，不合时宜，他所在的贵族阶层日渐腐朽没落，他则是其中尤其任性不羁、性如飘萍、过时落伍的产物。他觉得自己是应运而生的人，1940 年以前，没人拿他这个想法当回事，太多知情人士觉得他只不过是个缺乏教养、甚至落魄潦倒的冒险家。”两次世界大战期间这些年，他一直是个“厚颜无耻的乞丐，无可救药的骗子”。（他的朋友）几乎无一例外，都来自（一个）轻浮放荡的世界。到了 20 世纪 30 年代中期，他几乎已经变成了偏执贵族的拙劣仿制品：冥顽不化，满腹怨恨，一副遭遇世界末日的样子，“一个彻头彻尾的保守派”*。大卫·康纳丁（David Cannadine）的这些评语墨浓彩重，可能有些夸张，但并非捕风捉影。也许安德鲁·罗伯茨的总结更公平全面一些，但本质上并没有什么不同：“1940 年，温斯顿·丘吉尔作为国家救

* 康纳丁，《贵族面面观》（*Aspects of Aristocracy*），132 页、147 页、159 页、161 页。1940 年 1 月 8 日，南希·阿斯特（Nancy Astor）对斯图尔特·佩罗恩（Stewart Perowne）说：“我还是不希望由他来当首相。”（《阿斯特文集》，2/206、1416。）

世主的形象已经深入英国人的灵魂，在那一年，对他的行为如有任何批评，似乎都成了一种亵渎。但是，在这个奇迹之年的开端，人们并没有把他当作英国荣誉的光辉化身，这个形象是后来才深入人心的。其实，上流社会和保守党内很多人觉得他是个政治叛徒，是个危险的冒险家。”往好里说，他是个“缺乏政治判断力的讨喜的流氓”，说得难听些，他“寡廉鲜耻、不可信赖、魅力全无、野心勃勃”。丘吉尔的机智与辩才不足以超越人们对他判断力的深切怀疑。* 此外，他的一些政敌也管他叫“半纯种”（half-breed，他母亲曾经是美国人，而且有不止一段过去）或“杂种”。

1940 年，这样的评价大都会发生变化，但变化来得不会太快。当然，我们此处的任务并不是要描述或分析丘吉尔的声誉在漫长历史中的起起伏伏，但是，在 5 月 10 日到 24 日这决定命运的两周中，我们必须关心一下丘吉尔的情况。5 月 10 日，国王显然倾向于哈利法克斯，他和王后（她不喜欢丘吉尔）与哈氏私交甚笃。他们有时会一起用餐，并且哈氏有王宫花园的钥匙。而且，人们“几乎普遍认为，丘吉尔内阁会相当短命”。† 说“几乎普遍”似乎有些过了，但是，还是那句话，这种说法并非捕风捉影。很多保守党议员，也许应该说，大多数保守党议员，都不喜欢丘吉尔。当丘吉尔作为首相第一次出现在下议院时，议员们向张伯伦欢呼，却不给新科首相鼓掌。丘吉尔注意到了这一点，也记住了这一幕。（戴维·劳合·乔

---

* 罗伯茨，《神圣的狐狸》（*The Holy Fox*），187—188 页。

† 同前，203 页。

治觉得丘吉尔有点儿怕张伯伦。）在这黑色的两周里，丘吉尔的这些反对者并没有什么理由要改变想法。现在，这个饶舌而又好战的家伙的机会来了。看看，他给我们带来了什么？这样的事情在他那狡猾的过去发生得还少吗？什么也没有，除了灾难还是灾难，尽管他花言巧语诡计多端，尽管他习惯性地到处发表声明，尽管他习惯性地信任法国，哦，对，正是因为他习惯性地信任法国。

“骗子”“流氓”“野蛮人”等词语频频出现在那段时间很多人的日记和信件中，指的都是丘吉尔的新内阁。德高望重的当权人士和政府人士的文集中，汉基勋爵（Lord Hankey）的文字很能说明问题，他当时任兰开斯特公爵郡大臣。*5 月 10 日，汉基在给儿子的信中写道：“这件事的最终结果就是，今天，这场战争中最重要的战役，也可能是我们历史上最重要的战役，已经打响，整个帝国的命运岌岌可危，而我们却要有一个由政客组成的内阁……其中很多人根本一点斗志都没有。”两天后，在给塞缪尔·霍尔的信中，他写道：“愿上帝助这个国家一臂之力……它的存亡完全落在了一个独裁者手里，这个家伙过去的所作所为，虽说表现出了一定的想象力，却从来没有成功过！……一个没有经受过考验、完全没有经验的政客……唯一的希望就是丘吉尔、张伯伦和哈利法克斯构成的权力核心足够坚实，但是，这两头睿智的老象能否控制得了这头淘气的离群象，我真是不确定。”5 月 14 日，霍尔回信说：“你我是不是要

* 他在 CA 的书信；在他的日记中，1938—1944 这几年几乎全被删除掉了。

在逆境中同舟共济呢？我不知道！”张伯伦一直克制着不去批评丘吉尔（这点他和哈利法克斯不同），但他对丘吉尔“组建内阁的方式”不大满意，不过他也只是在日记中及给他妹妹的信中提过。军方首脑中，亨利·波纳尔中将曾在日记中做出过尖锐的评论。4月30日，内阁还没有改组之前，他这样指责丘吉尔：“不管他（丘吉尔）用处有多大，他都是个不折不扣的危险人物，总是受目标诱惑，却从来不盘算一下自己有没有能力实现那个目标。而且他还很倒霉。他从头至尾参与了上一场战争；那还是颇能说明些问题的，败得很惨，很险。”5月20日，他提到向亚眠调兵：“让人震惊的（也就是，温斯顿化的）计划。”5月24日：“温斯顿的计划又来了。难道没有人能阻止他摆着一副超级总指挥的架势，试图自己指挥作战吗？他怎么就觉得，我们会集合八个师的兵力，按他的建议发起进攻呢？他可能对我们目前的形势和局面根本没个概念。集结三个国家的兵力发起这样的进攻，怎么可以只提前一个小时通知？（对当时形势的这一分析并不合理。）这家伙疯了。”*

但是，此时在丘吉尔身边工作的人开始欣赏他身上的某些素质。一个很能说明问题的例子就是约翰·科尔维的日记，这么说有两个理由。一是这个上流社会的年轻人，同时也是国家公务人员，对丘吉尔逐渐从怀疑转为尊敬，这种转变显然是很真诚的；二是科尔维的日记（包括他漂亮的书法）无疑是关于1940年5月

---

* 波纳尔，《参谋长》，304页、323页、333页。

的历史记载。5 月 9 日："下了……一顿香槟大餐的赌注，赌 C 先生（张伯伦）会继续担任首相职务直到这个月底……与亨利太太（Mrs Henley）共进晚餐，之后去沙威酒店（Savoy）跳舞……我感觉……那个姓丘吉尔的姑娘（玛丽）挺盛气凌人的……沙威有点儿闷热，我觉得很疲惫，没有力气，一点儿兴致都提不起来。"第二天早晨（这是个朝霞灿烂的早晨，也是希特勒的大日子）："在里士满，顶着暑热骑马。我从马上下来的时候，马夫告诉我，德军已经入侵荷兰和比利时。什么也阻止不了（丘吉尔）按他的想法行事——因为他特别会敲诈勒索……拉布（R. A. 巴特勒，此人憎恶丘吉尔）说，英国政治干净清白的优良传统，皮特和福克斯对抗的传统，就这样卖给了现代政治史上的头号冒险家……温斯顿和他的乌合之众突然发动的这出政变……"*5 月 13 日："去下院听新首相讲话……他讲了一小段还挺精彩的话。"但是，科尔维也写道："这天我穿了套亮蓝色的西装，是从'五十先令裁缝店'（Fifty-Shilling Tailors）买来的，不贵，但看上去挺不错的，我觉得这套西装挺配这个新内阁。"三天之后，科尔维的日记就已经开始流露对丘吉尔的些许尊敬，当然，在解释丘吉尔从巴黎发给战时内阁的电报（含有"此刻致命的沉重"这样的措辞）时，他仍记录下了另外两位秘书的话："他还在想他的书"以及"他那见鬼的雄辩"。到 5 月 18 日，日记中开始出现一定的赞赏："温斯顿充满

* 很久以后，科尔维在日记中粘贴了一块剪报，是 1943 年 5 月巴特勒在伦敦的讲话："一位不朽的首相。自查塔姆时期以来，英国从未在世界各国中占据如此突出的位置，也未曾有任何一位首相，像丘吉尔先生一样，率领世界各国陆军、海军、空军去保卫文明。"

斗志，从容应对危机与困境……”同时，科尔维也开始欣赏丘吉尔的慎重：“他的变化非常之大，一个本性轻率鲁莽、喜做惊人之举的人现在也可以胜任要职。”*

5月19日，丘吉尔第一次通过英国广播公司（BBC）向全国人民发表讲话。他讲得很好，但里边有句要命的话：“就我而言，我对法国军队及其将领深信不疑。”事实并非如此。他对法国军队的信心，远非他所说的“深信不疑”，而是在渐渐耗尽。他已经开始考虑，法国可能会全盘放弃战斗。在接下来的一周里，他试图执行两套平行的行动方案，最后发现，这两套方案互相矛盾。一个方案主要在陆地上展开，另一个方案则以海战为主。一个方案是催促法英军队向德军突击部，或者说，向德军的长鼻子发起反攻，另一方案则准备将所有英国军队撤出欧洲大陆。前者意味着要向布洛涅和加来投放更多兵力，为的却是另一个目的，是要拖慢德军向最后一个疏散港口敦刻尔克推进的速度。丘吉尔再度飞往巴黎，回来的时候似乎精神振奋。但是，周一，也就是5月23日上午稍晚时候，他告诉战时内阁：“和法国商量好的计划能否成功，完全取决于法国军队的攻势。目前，他们没有表现出丝毫进攻的迹象……如果魏刚将军的计划成功”——现在我们都知道魏刚根本就没有这样的计

* 科尔维日记，CA。巴特勒一直与丘吉尔勾心斗角，这种想法在他当时写给科尔维的信中也有所体现。5月17日：“你已不在我们的队伍之中（意思是，张伯伦的队伍），成了联合政府的牺牲品，我对此深表遗憾。请一定要知会我你在做些什么，以便我们安排小聚。我希望，为了将来，我们要保持联系，最近的经历告诉我们，保持更密切的接触殊为必要。”（《巴特勒文集》，G11/4，G11/5）

划[*]——“那就意味着盟军可以有35个师从目前艰难的困境中得到解脱。如果计划失败，则必须要制订新的计划，目的是以尽可能小的损失保护我们最好的队伍、最好的武器，把他们带回英国”。[†]以尽可能小的损失，丘吉尔知道那几乎是不可能的。根据他的家庭日记的记录，这之后他就回到位于海军部大楼的寓所用晚餐，当日的晚餐时间很短。晚餐过后，稍晚的时候，他去白金汉宫面见国王。大约10点半的时候，他对国王说，如果法国的计划失败，他将不得不下令将英国远征军调回英格兰。“这样的行动将意味着损失所有的枪支、坦克、弹药以及在法国的所有储备，”国王在日记中这样写道，“问题是，我们能否把军队从加来和敦刻尔克撤回来。哪怕只是想想要下达这样的行动命令都让人不寒而栗，伤亡可能会非常惨重。”[‡]

当1940年5月23日星期四的夜幕降临时，形势就是这样的。至少25万英国军队陷入德军包围之中。他们与其说是在抵抗，不如说是在撤退，在德军的深度推进之下，仍未能燃起多少斗志。布洛涅已经沦陷，加来也开始被德军团团包围。与此同时，海因茨·威廉·古德里安将军（Heinz Wilhelm Guderian）正在从南方向敦刻尔克进发；其他的德国将领则从东部向撤退中的英国远征军围拢。南方和法国其他地区的英国军队所剩不多，英国国内也不剩什么队伍了。

对此，英国人民略知一二，但了解并不多。BBC的语气礼貌得体、低沉严肃，并没有提供任何误导性的或不实的信息，但同时也

---

* 5月22日魏刚致电艾恩赛德，声称法军重新占领了亚眠、阿尔伯特和佩隆。这不是实话。

† CA，B65/7，5月23日。

‡ 摘自乔治六世的日记，约翰·惠勒－班尼特，《乔治六世》。

未曾透露德军包围25万英国军队意味着什么。报纸的报道基本都处于失实状态：这些报道给人的感觉是，法国北部正在进行一场伟大的历史性战役，却几乎没提这可能预示着什么。但是，在1940年5月间，广播和报纸既不能充分反映，也不能有效引导英国民众的思维。我们必须借助其他资料，努力重构英国民众的思维和情绪，尽管这样的重构肯定会很不全面。之所以要这样做，是因为到了1940年，世界，特别是西方世界，已经进入了民主时代。300年前，帕斯卡（Pascal）这样写道："舆论是世界的主宰。"但是，与300年前不同的是，现在，多数派的意见（或者，更准确地说，他们的想法）非常重要。希特勒对此很清楚。他明白，在他身后，有占压倒性多数的德意志人民的支持。问题是，绝大多数英国人是否真正支持丘吉尔呢？如果是的话，他们的支持又能持续多久？

这个问题事关重大，接下来我们要努力为其勾勒一个注定并不全面的轮廓。在此之前，有两个情况，我们必须心中有数。其一是民意（public opinion）和民情（popular sentiment）之间的区别，这一点很少有人意识到。简而言之：公众的未必是主流的，舆论和情绪也未必是一回事。有时，民意和民情不但大相径庭，往往还会背道而驰，这样例子历史上俯拾皆是，民主国家的历史尤为如此。*19

* 有意思的是，至少有一次，丘吉尔不耐烦地把这两者搞混了。1940年2月5日，他对报纸的后台老板塞西尔·金（Cecil King）说，这次战争中，政府机器如此强大，几乎可以忽略公众的感觉了。他更坦率地说，他觉得首相张伯伦"有资本说：'让民意见鬼去吧。'"〔贝尔（Bell），"关于战争的英国民意"（*British Public Opinion on the War*），38页，其中引用了西塞尔·H. 金(Cecil H. King)《不以怨恨相对》(*With Malice toward None*) 中第22页的内容。〕贝尔加了一句：（但是）最终把张伯伦内阁拉下台的，却是通过媒体和下院表达的民意（同前）。

5 月 20 日，丘吉尔穿过皇家骑兵卫队阅兵场："5 月 19 日，丘吉尔第一次通过英国广播公司（BBC）向全国人民发表讲话。他讲得很好，但里边有句要命的话："就我而言，我对法国军队及其将领深信不疑。"事实并非如此……

世纪的民意是中产阶级和上层社会的意见，不是下层社会或劳动阶层的意见，尽管劳动阶层的人们渐渐也开始读书看报，并有了选举权。在 1940 年的英国，这样的阶级界限仍很显著，只不过没有发挥决定性作用，这有点儿出人意料。但是阶级界限确实存在，而且我们也发现了一些这样的痕迹——比如，5 月 18、19 日，上层社会有些人士已经处于“恐慌”之中，但是，这样的情绪一丝一毫也未渗透到报纸中，绝大多数民众对此毫无觉察。这意味着，零零星星地，有些人（主要在伦敦）突然意识到，局面看起来已经不可救药。

还有一个人群在 5 月中旬也表现出了失败主义的情绪，这就是知识分子群体。“艺术家，”埃兹拉 · 庞德（Ezra Pound）曾经这样写道，“是人类的天线。”但是，1940 年的情形可不是这样。西里尔 · 康诺利（Cyril Connolly）并不是个失败主义者［他于 1940 年 1 月创办《地平线》（*Horizon*）］，但他担心，一旦发生德军炮轰事件的话，人民会恐慌［乔治 · 奥威尔（George Orwell）告诉康诺利，他不同意这个判断］。在各位作家幸存的作品和回忆录中，有关 1940 年 5 月的记载语焉不详，喜忧参半。在《多立几面旗》（*Put Out More Flags*）（写于 1942 年）中，伊夫林 · 沃（ Evelyn Waugh ）提到“丘吉尔决心战斗到底、局面起死回生之前那段古怪的、死气沉沉的时光”。（这本书以 1940 年 6 月收尾：“欧洲洋溢着一种新的精神……到处都可以看到这种精神。”）*10 年以后，在《穿军装的

---

* 沃曾经参军，并记了日记。5 月 19 日，有一条关于丘吉尔的记录，充满仰慕，又很逗趣。5 月 20 日：“回到营地，发现战争有坏消息传来。”5 月 22 日：“我给连队讲了国际形势，把自己搞得特别沮丧，几乎都要讲不下去了。”（日记，469 页）

人》(*Men at Arms*)一书中，再也见不到丘吉尔式复兴所闪耀的光芒；实际上，沃曾经说，他痛恨丘吉尔和他的雄辩，这一点和马尔科姆·蒙格瑞奇（Malcolm Muggeridge）一样（但是，蒙格瑞奇也是战后很久才产生这种憎恶的）。当然，安东尼·鲍威尔（Anthony Powell）在其大部头小说《与时代合拍的舞蹈》(*Dance to the Music of Time*)的第七卷《埋骨之谷》(*Valley of Bones*)中，并没有提到丘吉尔式回生，也只字未提1940年5月，而这一卷是以1940年上半年为背景的。细心的读者也许会在凯尼思·克拉克（Kenneth Clark）的自传《木头的另一部分：一幅自画像》(*Another Part of the Wood: A Self-Portrait*)中发现一点点暗示。克拉克并非典型的知识分子，而是当权派中地位较高的人物，博学且身处优渥环境。他举止优雅，为人圆滑，多年来与张伯伦走得很近。战争过去几十年以后，在这些回忆中，他提到张伯伦时充满同情，也颇多批评："事实上，我毫不含糊地站在丘吉尔先生这一边。"* 毫不含糊？不是吧，至少在1940年5月时还不是。

我们还必须考虑的另一个区别是理解（understanding）与了解（knowing）的区别。再援引一下帕斯卡："我们理解的比我们了解的更多。"按照逻辑，理解不仅是了解的结果，也只能发生在了解之后。但是，在数不清的实例和事例中，理解先于了解出现，甚至***导致***了解的出现。请允许我试着进行这样的概括：1940年5月，英国

* 克拉克，《木头的另一部分》，268页。提到丘吉尔时，作者写道："虽然他的写作是吉本似的风格，但我并不欣赏他的文字。"

的大多数男男女女***理解***了一些他们甚至还不***了解***的事情。或者说，他们理解了一些自己并不愿意去思考的事情，虽然他们有能力去思考这些事情（这是一种非常英国化的倾向）。我希望，在接下来的几页中，甚至是在全书中，我们可以就这一点进一步展开阐释。*

对于1940年的夏末和伦敦大轰炸，我们现在有数不清的书籍、日记和回忆录，有些是当事人的，有些是作家写的，但是，对1940年5月的记录并不多。一个例外是侦探小说作者玛格丽·艾林翰（Margery Allingham）的《橡木之心》（*The Oaken Heart*）。这本书更像一本日记，为了作者的美国朋友之故拿出来出版（有几处还有过修订），是关于埃塞克斯郡一个叫“奥本”（Auburn）的村子的，作者在那里生活过。因为这本日记中有相当一部分内容是在1940年5月的黑色两星期写下的，所以，似乎值得详细摘录其中部分内容。†5月14日或15日，艾林翰听到威廉敏娜女王（Queen Wilhelmina）通过BBC发表的演讲：“向我们的国人展现出她是个合格的女王……（但）她也让我们很多人明白了其他一些东西。仅

---

* “要想听起来像外国戏剧中的英国人那样，冷漠而又实事求是到不堪的地步，其实挺难的。但是，危险的确那么切近，毁灭的规模明显骇人听闻，那么唯一能做的也就是别人都在做的——保持沉着，向前看。一旦你斜目四望，一旦你转头旁顾，一旦你让自己的想象力张翅飞出，你知道，那就可能要掉脑袋。显然，要做的就是让自己进入某种特定的心境，并不惜任何代价保持这种心境，即使看起来可能有些愚蠢。我在村子里遇到的每一个人似乎都本能地在这么做。”（阿林厄姆，《橡木之心》，170页）

† “关于1940年4月和5月两个月的历史，关于这两个月间每天都发生了什么，只要是识字的人，现在都已经清楚了……这简直像个野蛮残忍但又一气呵成的故事，事情一件接一件地发生，冷酷无情却又合乎逻辑，但是，当时在奥本（这个村子就像是人群中的一个小孩，站在屏障前，虽然是在第一排，也看不到什么），似乎一切都不合逻辑。我们听到的消息，跟真实情况比起来，顺序发生了点儿轻微的改变。其中有些消息，比如敦刻尔克大撤退，我们比很多人都更早得到风声，但是另外一些情况，比如法国的摇摆不定，我们知道的却比大多数人要晚。”（同前，154页）

有勇气恐怕是不够的。这一次，我们恐怕不能仅靠勇气和伴随勇气而来的即兴发挥应对过去，这可能在我们整个历史上还是第一次。”星期天早晨（很可能是 5 月 19 日），艾林翰与一个曾在“一战”时期担任下士的人聊了聊：“这是我头一次听见这个国家有人质疑法国是否可靠，虽然（伦敦）某些消息灵通的圈子已经不安地嘀咕这事有好几个月了。帕克先生说他只希望某个地方有某种陷阱等着德国人呢，他希望，过去我们允许德军那么危险地推进，都是为了这个目的。”5 月 20 日：“德军推进的方式让所有人震惊。在接下来的几天，进来的每个人、我们在广场上遇到的每个人，都没完没了地讨论这事。”还有：“上尉从纯粹职业的角度，表达了对敌军效率的钦佩。他这么说：你还就得把这事交给希特勒那个家伙，他知道该怎么行动。”* 跟第一次世界大战时不一样的是，现在人们预计到可能会遭受侵略。

第二天早晨我们仍未遭到侵略。仍然没有任何伪装过或没伪装的德国士兵从天而降，诺瑞（Norry）坚持“这一切都会过去”，就好像这是块石头或者是棵树。我们俩忍不住希望侵略永远都不会到来。但是，我们知道，仅仅是“希望”如此这般，实在有点儿蠢。已经有人恶狠狠地冲我们大喊“异想天开”，好像是我们开启了这种罪恶，我们很讨厌这个罪名。（在

* 同前，167 页、154 页、176 页、187 页。

奥布，人们往往把一切都针对个人。）我们从来在任何事上都不是乐观主义者，在我们那个时代还曾被称作“失败主义者”。

同时，消息很快变得可怕起来……我们得到通知，如非必要不要使用电话，我们觉得跟外界断了联系，特别愚昧无知。

“其间，大约一天之后，差不多也是在这个时候，奇怪的消息开始悄悄从弗林特汉诺克（Flinthannock）和整个海岸传过来。人们颇觉意外，都在谈论这个消息，很多人一开始并没有意识到它是多么的惊心动魄。政府在募集小型船只，同时也招募能够驾驶船只的人员。这到底是要干什么？事情有那么糟吗？真那么糟了吗？这跟老丘吉尔可真像！多么悲惨的权宜，又多么符合他们一贯的作风！”*

除了这些私人回忆之外，还有另外一个宝藏，可以帮助我们了解当时英国民意与民情的有关迹象。这就是“民意调查”（Mass-Observation）的文件，后来人们称之为M-O，这些文件保存在苏塞克斯大学档案馆。† 美国舆情研究史上的一个里程碑就是1935年在普林斯顿创办的盖洛普研究所（Gallup Institute）。两年之后，两个很有魄力的英国人，查尔斯·马奇（Charles Madge）和汤姆·哈里

---

* 同前，168页、175页。5月15日左右，长篇小说作者薇拉·布里顿（Vera Britain）写道：“在接下来的几天里，随着消息持续恶化，英格兰的美与日俱增。”5月19日：“马丁和我同伦敦其他房主一样，再次像秋天时那样，把墙上挂的画取下来，把值钱的东西藏到地下室里，在走廊里摆上装好沙子的桶，浴缸里一直放满水，做好类似的准备……做完这些之后，我们去了理发店。我决定，就算我肯定会被炸死，我也不妨把头发梳得整整齐齐地去死。”[《英格兰时刻》（*England's Hour*），30—31页。]

† 由杰出的多萝西·谢里丹领导，她仍是这些案卷的保管人。

森（Tom Harrison）[“这家伙的兴趣从观察鸟类和博物学发展成了‘观察人类’”：多萝西·谢里丹（Dorothy Sheridan）] 创办了 M-O。他们“开始在全国范围内招募观察者小组，参与对日常生活的研究”。这主要是出于商业性目的，但是，到了 1938 年，他们开始把自己的调查范围扩展到政治和战争。1940 年 5 月，他们开始为信息部传递材料，甚至提出建议。和盖洛普以及其他致力于舆情研究的美国机构不同，他们从不假装具有“科学性”，也没打算把所有数据量化。这恰恰是他们材料的价值所在。这些都是第一手的报告，由有头脑、有常识、主要来自中产阶级的观察者执笔，其中很多是女性志愿者。尽管已经过去了这么多年，他们的事件提要读来仍觉确凿可靠，流露真情。*

比如，下边就是 5 月 16 日那张密密麻麻、只有一页的提要（FR124，C7，9 个长长的段落）中谈到的情况：

> 今天，就比利时和法国传来的最新消息产生的冲击，进行了格外深入的调查……
>
> 今天人们明显更加焦虑。很多人现在感到有些绝望，当然，这并不意味着他们觉得我们无法获得最后的胜利。越来越多的人觉得希特勒很不得了……

---

* 苏塞克斯大学档案馆的档案整理工作做得非常好。1940 年 5 月的《今日士气》（*Morale Today*）是对这一天的情况做了很好的归纳，Box DR28，FR124。其中包括从 5 月 18 日到 6 月 1 日的文档，每天都有：共有 43 份来自伦敦、博尔顿、伍斯特和伊普斯维奇的报告，均精心起草，打字录入。

“仍然感觉局势万分危急……”海军部拱门构筑了防御工事，当降落在特拉法加广场的德国伞兵发起进攻时，可以保卫白厅；拱门外就是海军部大楼和圣詹姆斯公园。

密切注意事态发展的人们今天保持了相当大的乐观，不过几乎所有的观察者都发现，表情和语调与语言并不相符……

人们尚未开始考虑我们可能会战败。很多人根本还没有意识到，我们也是***可能***战败的。长久以来的自满开始动摇，但它还在。如果这样的情绪遭到突如其来的粉碎性打击，士气可能会大增。

女性比男性担忧更甚，有些女性已经对迫在眉睫的危险表现出明显的恐慌。她们的困惑也比男性多得多，很多人根本搞不清楚究竟发生了什么，特别是劳动阶层。

5月19日"气氛明显有了好转，特别是在伦敦，兰开夏郡则不然。"* "人们仍然相信，最后的胜利一定属于我们，但是，今天仍有很多人隐约或无意识地表现出了失败主义情绪，也有几个人公开提到了德军的胜利。"

那天晚上，也就是5月19日晚上，丘吉尔第一次对英国人民发表广播讲话。普遍的反应比较让人满意，主要是因为他在讲到局势的严重性时，说得很坦率。5月20日，民意调查的"观察员报告，今日紧张情绪有所松动……忧郁略减，对新闻的态度略为超然……如果说丘吉尔的讲话强调了什么的话，那就是，仍然感觉局势万分危急……女性明显比男性更为焦虑。普遍感受是我们应该可以渡过难关，勉强可以"。5月21日，一位特别敏锐的观察员报告："仍然没有任何观点可以名副其实地称作'民意'——大家的想法各式各样，尚不成熟。最确凿的仍是英国最终一定会胜利的信念。"

"和以往一样，比之男性，女性多一些悲观，少一些乐观。"

第二天，"出人意料地"，调查"报告士气下滑，或者，更准确地说，焦虑加重"。

女性尤其处于消沉状态，今天有人已经公然表达了这种消沉，这还是头一遭……另一方面，很多男性和部分女性仍很乐观，认为形势并不像他们想象的那么糟糕，很多人也提起上一场战争的情形作为对比。

---

* "兰开夏郡的反应总是落后大约24小时，在之前的几次危机调查中也发现了这样的延迟。"

现在开始出现对纳粹侵略已***成为***可能的恐惧。

今天，迷茫和压抑更甚往日，普通民众对旧日的信念和自负的领导阶层已不抱任何幻想，这成为他们简单的头脑里主要的压力。

博尔顿人比伦敦人更为沉着。博尔顿的三位调查员对今天早晨的详细调查给出了如下中肯的评语："公众有意识地效仿鸵鸟，逃避现实。这种态度在女性中间更为常见。"伦敦人更悲观些。

"过去几天里丘吉尔和达夫·库柏（Duff Cooper）的讲话所造成的效果……就是人们开始有了解脱的感觉，倒不是说形势没有那么严重，而是大家觉得已经了解了最糟糕的情形，这对他们来说是种新的体验。"

有意思的是，很多观察员都提到"感觉"（feeling），而不说"想法"（thinking）（当然，这是英语的习惯，但是，考虑到民意和民情的重叠以及二者之间确实存在的区别，这一点还是值得注意的）。于是，到了5月23日："显然更为振奋，普遍更为平静，悲观和极度的不安明显减少……目前是这样。昨天伦敦很多人都被极度的沮丧所困扰，主要是中产阶级，也有部分劳动阶层，今天这种情绪已经不那么显著。"

"越来越多的人觉得……需要进行大动作了，而我们的领袖有能力领导这样的大动作。这种感觉很重要，可以把人们从普遍的漠然、懒散、低效中解放出来，这些负面情绪让很多人陷入严重的消沉和忧虑中……今天我们逐字记录的材料中，频繁反映出这种新的感受，诸如'我们很快要有所行动''我已经准备好采取任何行动’‘现在，每个人都行动起来了’，等等。”

在大约六十年后，一个历史学家可以总结出两条整体印象。一个就是5月23日，大多数英国民众还不清楚他们的军队所处的局面到底多么惨烈，另一点则是他们对丘吉尔的信任是个新的元素，刚刚开始展露出一点效果。但是，5月15日《今日士气》报道中的最后一句话，对当时形势的总结至为精辟，几乎无人能及：“‘外表平静，内心焦灼’表达了今天的整体气氛。”

第二章

5 月 24 日，星期五

Chapter Two

Friday, 24 May

希特勒下令停止前进。——到达敦刻尔克之前的德国军队。——加来。——希特勒和保守。——两种右翼。——张伯伦。——绥靖派。——哈利法克斯。——战时内阁。——丘吉尔与罗斯福。——英国媒体。——“焦虑略增，乐观稍减。”

5月24日一大早，希特勒离开位于德国边境的指挥部，飞往默兹河（Meuse）西岸的沙勒维尔（Charleville）去见卡尔·伦德施泰特将军（General Karl Rundstedt）。这有点儿不同寻常，因为希特勒一贯晚睡晚起，似乎他上一次早起还是在1939年的9月3日，当天英法两国向德国宣战。显然，他打算和伦德施泰特讨论的问题非常重要。德国军队已将佛兰德斯和比利时的盟军团团包围，他们要谈的就是德军快速推进的问题，要让盟军退到英吉利海峡剩下的港口。此时布洛涅已经沦陷，对加来的包围即将开始，古德里安将军（General Guderian）的装甲部队离敦刻尔克南部只有15英里，并且已经从两个地方越过了最大的障碍——艾尔运河（Aa Canal）。但是，也有一些危险因素需要考虑。古德里安前进的速度可能太快了。在这一点上，希特勒和伦德施泰特的观点似乎是一致的。上午11点42分的时候，命令下达了：古德里安的部队必须暂时停止前进。

关于希特勒下令停止前进的原因（而不是其后果），现有的文献（和揣测）相当多。希特勒的动机和目的并不单纯。我们必须努力把这些动机和目的总结一下，或者，更确切地说，梳理一下。在希特勒的意识中，有一个层面（如果这么说合适的话）担心的是德军装甲车辆的损耗，到目前部队已经连续行军两周，其中还有一些小型的遭遇战：这一担心和伦德施泰特不谋而合，伦将军前一天晚上还估算了大概的损失。可能希特勒关于第一次世界大战的记忆也让他生出这样的担心——“一战”中，有长达四年的时间，他都在水道纵横、运河交错的陆地上作战，庞大的军队在发起进攻时陷入困境。比担心更显而易见的是希特勒当时神经质的焦虑不安，这一点有文献为证的。他仍害怕盟军可能发起反攻，砍掉前进中的德国鳄鱼的长鼻子。简而言之，他不相信——到现在还不相信——他的运气。

他还想着另外一个问题。任何称职的历史学家都知道应该如何避免对人类活动做出单因果（monocausal）的解释——这个词的意思是，把任何决定归为某个单一的动机。* 而且，我们还必须区分一下动机和目的（前者是来自过去的推力，后者是来自未来的拉力），因为人类的决定很少只有单一的或唯一的目的。这也适用于阿道夫·希特勒，他这个人有点儿鬼祟，他的想法绝不简单。至少，他可能并不想全歼这支英国远征军。“不想全歼”这个说法，很可能最接近真相，或者，准确地说，最接近他内心的想法。无论是在战争中还是在政治斗争中，如果允许——或者强迫——对手死里逃生，对胜利者来说，都是有好处的。这样的例子并不罕见，因为如果不

* 邦德，《英国、法国和比利时》（*Britain, France and Belgium*）（这本书对当时盟军在计划与承诺方面之混乱的描述极为出色）：“希特勒的动机很复杂。”（104 页）

给对手逃生的机会，他们在后路已断的情况下，可能会破釜沉舟，一战到底，这将带来各种料想不到的后果。我们几乎可以肯定，希特勒想到了这一点。但是，很快他就将在回顾往事时夸大他的目的。实际上，德国人正是用“后路”“退路”这些词来解释为什么希特勒在到达敦刻尔克之前突然决定停止前进。这些人里也包括伦德施泰特，但伦将军的回忆中又有些诡辩的成分。战争结束之后，丘吉尔在他的《战争回忆录》中很小心地避开任何有关退路的推测；他把停止前进的命令归因为伦德施泰特的犹豫，而不是希特勒的犹豫。丘吉尔并非全无道理：至少可以说，“退路”的说法有些夸张。但是，即便是夸张，也只是不够准确而已，并不一定失却了真实。希特勒圈子里的其他人听他说过：“元首希望让英国人避免一场有辱国体的失败。”* 敦刻尔克之后，希特勒是这么解释他的想法的：“这支队伍是英格兰的脊梁……如果我们毁掉这支军队，不列颠帝国也就跟着毁了。我们不愿，或者说，不能接手这个国家……我的将领们不理解这一点。”†1945 年 2 月，在这场战争即将结束的时候，希特勒说：“丘吉尔不太懂得欣赏我所表现出来的体育精神，我避免了在英国和德国之间造成无法弥补的裂痕。无论如何，在敦刻尔克，我们有所克制，没有全歼他们。”‡

希特勒的目的很复杂。他希望英国军队离开欧洲。但是，“不

* 这话是 5 月 26 日德国空军将领汉斯·耶匈尼克（Hans Jeschonnek）说的，引自安塞尔（Ansel），《希特勒对峙英格兰》（*Hitler Confronts England*），85 页。

† 他的秘书，克里斯塔·施罗德（Christa Schroeder）在《我的老板》（*Er War Mein Chef*）中所述，105 页。

‡ 《希特勒的谴言》（*The Testament of Adolf Hitler*），90 页。

全歼英国远征军”并不意味着他想放过他们。在下达停止前进的命令前三天，希特勒被赫尔曼·戈林（Hermann Goering）说服，同意德国空军可以把撤退中的英国远征军炸成碎片。5月23日，希特勒的副官恩格尔（Engel）少校在日记中提到，希特勒又一次和戈林进行电话交谈：“陆军元帅认为，德国空军的伟大任务即将开始：歼灭法国北部的英国军队。陆军只需要去占领阵地就行了。我们很愤怒。元首很受鼓舞。”*5月23日的另一篇日记，这次是精明谨慎的厄恩斯特·冯·魏茨泽克（Ernst von Weizsaecker）写的，他是副国务卿：“无论英国是现在缴械，还是我们通过炮弹教会他们热爱和平……”好吧，炮弹没起作用。停止前进的命令很关键：“敦刻尔克将留给德国空军。如果攻占加来遇到困难，这个港口也将留给德国空军。”

希特勒停止前进的命令是用明文发出的。†伦敦马上就获悉了该命令。这个消息是由A.E.帕西瓦尔（A.E.Percival）将军送到陆军部指挥部的，他是总参谋部的国防副参谋长——这个倒霉蛋将在不到两年之后，无力守卫新加坡，屈膝将其送与日本：此乃英国军队整个世纪最可耻的失败。无论是陆军部，还是丘吉尔和当时英国远征军的总司令戈特勋爵（Lord Gort），都没有意识到这一命令在当前

* 恩格尔日记，5月23日。

† 希特勒并不介意英国人偷听到这个命令，这是否至少是可能的？可能性是有的，不过不大。

的重要意义。*陆军部陷入极度困惑之中。他们正全神贯注于加来的形势。前一天晚上，布洛涅已经向德军有条件投降。凌晨两点的时候，加来收到命令："原则上已决定撤离。"对加来的围攻马上就要开始；早晨，德军的第一批炮弹密集地投向这个港口。两艘载满了英军士兵的大型英国海船，从加来开航驶向多佛。德国士兵亲眼看见了这一切。英国人正在离开欧洲大陆。这可能也是促使希特勒下令停止进攻的原因。停止前进的命令下达前几分钟，加来的英军指挥官克劳德·尼科尔森准将通过电话告诉陆军部，撤离将继续。他估计，整个撤离计划可以在第二天某个时候完成。稍晚，陆军部下令取消撤离计划：加来要能守多久守多久。整个下午，齐步走向港口舰船的英法军队半路接到命令向后转，坚守加来。比加来所发生的一切更加糟糕的是陆军部的混乱。那天早些时候，丘吉尔得知了撤离命令。他以备忘的形式通知伊斯梅将军："这绝对是愚蠢的做法。撤出加来只能带来一个结果，那就是让现在围堵加来的兵力转而去围攻敦刻尔克。加来必须要守住，理由很多，最重要的是要拖住敌人，把他们拖在前方。"† 到了中午的时候，急躁占了上风。丘吉尔又发信给伊斯梅："我无法理解加来周围的形势……德军封堵了所有出口……但我估计围城的（德军）兵力并不是很强。既然是这样，为什么他们没有受到任何攻击？为什么我们从加来突围的时候，

* 但是，波纳尔将军提到（《参谋长》，337 页）："拦截到一封德国明文电报，时间为 11:32（实际时间是 11:42），据电报内容显示，敦刻尔克—阿兹布鲁克—梅尔维尔一线将暂停进攻。这会不会是扭转趋势的机会？简直让人不敢抱这样的希望。（是的。）……当然，这些德国人几乎全都在这附近，这一点是肯定的。（不。）"

† CA，4/150。

戈特勋爵不从后方发动进攻？”对丘吉尔来说，这似乎很合逻辑：发动另一场更小型的、双管齐下的进攻，切断德军的鼻子。实际上，这根本行不通。* 艾雷 · 尼夫参加了在加来的战斗，在此地负伤并被德军俘虏（后来他又从德军的战俘集中营逃了出来）。他后来这样说：“丘吉尔要戈特对德国第十装甲师发动进攻，而当时英国远征军和加来之间至少有四个装甲师，这种意见……（就是）白厅那些指挥这场战役的人无知到可怕的证据。”†

必须坚守加来，还有另外一个原因。法国向英军施加压力，要求他们坚守，而不是撤离。实际上，可能法国人觉得英军正在收拾行装，要陷他们于困境。对这一点，丘吉尔有充分的认识，因为这样做将产生重大的政治后果——以及人道主义影响。魏刚将军曾下令维护相互连接的大型桥头防御工事：这些港口“可以守上很长时间”。这当然是毫无道理的夸张。但是，加来的确坚持到了 26 日下午，而这起了很大的作用。如果加来没有守住的话，德国将会有另外两个师的兵力和古德里安会合，向北推进。当时，古德里安已经到了敦刻尔克前方艾尔运河的北岸；24 日，挡在古德里安和敦刻尔克之间的，只有一个小型英国军团和几支法军分队。“如果古德里安会师成功，”尼夫后来写道，“希特勒根本没必要进行干预，***他的命令让古德里安失去了几乎一个上午就可以赢得第二次世界大战胜***

---

* 见当天波纳尔对丘吉尔的评语（“这家伙疯了”，见上文）。但是，这一粗暴的批评倒不是冲着上文提到的电文去的，而是针对丘吉尔之前给涉及范围更广的所谓魏刚计划的背书。

† CA4/150；尼夫，《加来的火焰》，122—123 页。

利的历史性机会。"[*] 斜体是我加上去的。尼夫的论断可能有不准确之处，但也不多——而且只是不准确而已，说不上夸张。[†]

丘吉尔和陆军部之间出现了分歧，至少眼下是这样。伦敦的指挥部希望保护在加来的英国部队，所以他们仍会倾向于撤退，而丘吉尔则希望在加来战斗到底——部分是因为这对法军的影响，这一点我们已经看到了，还有部分原因是这样可以拖慢德军向最后一个港口敦刻尔克前进的速度，丘吉尔充分认识到了这一点。陆军部被迫同意丘吉尔的意见，当然，他们有些心不甘情不愿。5 月 24 日深夜（夜里 11:23）陆军部发给尼科尔森准将的电报中就流露出了这样的情绪："尽管上午已经下令让你执行撤退策略，考虑到你所在地区的英国兵力现由法加尔德（Fagalde）指挥（法加尔德将军是加来地区一位骁勇善战的法军指挥官），而他已下令不（重复说"不"）撤退，这意味着为了盟军的团结，你要遵从命令。"第二天一早，丘吉尔读到这份电文，登时勃然大怒。他给艾恩赛德将军发了个电报："请务必查清昨天下令撤出加来的究竟是哪位军官，还有，今天早晨我看到的这份不冷不热的电文究系何人起草，还提到什么'为了盟军的团结'。这根本就不是在鼓励我们的士兵奋战到底。你们能否肯定，参谋部里一点儿失败主义思想都没有？"至少，艾恩赛德心里还是有那么一点点失败主义想法的，而这份草就的备忘正是给

* 尼夫，《加来的火焰》，107 页。

† 我说不准确，是因为在希特勒下达停止前进的命令时，古德里安的先头部队已越过艾尔运河，但并没有在前进；他们在加固桥头防御工事。从另一方面来说，如果希特勒或伦德施泰特命令古德里安继续向敦刻尔克方向前进，我们有理由相信，他只需要一天的行军就可以到达该地，他到达的时间要远远早于相当数量的，从东部撤退的盟军部队到达的时间。

他的。虽然戈特麾下的英国军官和士兵没有表现出任何失败主义情绪（戈特的部队仍在敦刻尔克东部较远地区，在慢慢向西撤退），但失败主义情绪在比利时军队中非常明显，其中一些佛兰德斯士兵并不想和德军作战。反正，25 日早晨，当丘吉尔阅读那份“不冷不热”的电文时，纳粹的十字旗已经飘扬在了加来市政厅的上空。在港口和近海码头周围，尼科尔森和法加尔德又坚持了一天半。

◆ ◆ ◆

这并不是一部 1940 年 5 月的军事史。但是，把这些事件的政治后果同其军事发展过程割裂开来，不但于理不合，甚至也是不可能的。也没有任何理由把希特勒的军事目的和他的政治目的分割开。无论军事还是政治，这些目的的本质都是一样的：说服英国人不要和他对着干，特别是不要在欧洲大陆上和他对着干。如果他们要离开欧洲大陆，那一切都好说；他可能要动用武力强迫他们这么做；但是他们不该毅然决然、不惜任何代价地和他决一死战。现在丘吉尔来了，他可不是“那些英国人”。

在此处长篇细述希特勒对英国人的理解，似乎有点不太合适。他对大英帝国及其军人的英勇保持了一定的尊敬（主要源自他在“一战”中之所见）。对于这个民族的历史，他有一定了解，但不多。他其实并不了解普通的英国人以及他们的性格特点。但是，随着战争的推进，他对英国人的尊敬飞快地褪去。他开始抨击他们的作战能力，当战争到了尾声的时候，他突然对他们迸发出了激烈的仇恨——他向伦敦发射的火箭炮，他的很多声明，都可作为这种仇恨的佐证。他谴责英国人像波兰人一样，站在他的对立面，引发了这场战争。

但这是 1940 年的 5 月。此刻希特勒所看到的［约瑟夫·戈培尔（Joseph Goebbels）4 月间就说过类似的话，当时希特勒也同意戈氏的看法］，是一切都只是在更大范围内复制他在德国所经历过的战斗以及所取得的胜利，而正是这些战斗和胜利把他推上了权力的巅峰。尽管纳粹党一开始只是个少数党，他和他的纳粹党徒们却注定要赢得这场斗争，因为他们和他们的思想都比对手和对手的思想更坚定、更强大。这样的结果就是，在魏玛德国的巷战中，一个纳粹党骑兵可以抵得上两三个共产党或社会党对手。在这场世界大战中，希特勒本着基本相同的思路，相信一个德军士兵抵得上两三个波兰或法国士兵，甚至也可能抵得上两三个英国士兵，这不仅是因为德国军队纪律更严明，装备更精良，也因为第三帝国的德国士兵体现出了优于对手、强干对手的民族精神。如此一来，尽管西欧对手们有着近一亿人的队伍，且背后有各个帝国的支持，他的八千万名德国士兵仍稳占上风。这种想法不无道理，但不够全面。最后，这八千万德国军队虽然打得相当硬朗，却终究抵不过几亿潮水般涌上来的苏联、美国和英国军队。但是，1940 年 5 月时，事情还远没有发展到这个地步。

希特勒认为，这场战争只不过是在更大范围内重复大约十年前他在德国经历过的斗争，这个想法中还有另外一个因素。在德国，如果没有保守党人的支持，他不可能上台。1923 年，他曾试图在慕尼黑发动激进的民族起义，如果需要的话还打算挑战权威当局。这次起义失败了，之后他改变了想法，或者说，改变了策略。他将通过获得保守党人的支持，通过他们的政客、媒体以及广大体面的德国保守派选民的支持上台执政。他们会支持他，并不仅仅是因为他的大批追随者令人印象深刻。这些保守党人至少在一定程度上愿意认同他的民族主义，认同他的反犹太主义，他们尤其会认同他的反共产主义。这样一来，他就可以让他们放下对他的反对；必要的话，他还可以赢得一定的尊重和支持。他们会觉得，他依赖他们，他是他们的合作伙伴；但是，他一旦上台，***他们***可就全得仰仗***他***了，而且这种转变会来得很快。当然，这正是 1933 年时德国发生的情况。他不怎么尊重这些人；说句实话，他蔑视其中的大多数（而且偶尔他也这么说过）。这些德国保守党人的一个典型例子就是阿尔弗雷德 · 胡根贝格（Alfred Hugenberg）。胡君是德国国家人民党领袖，也是报业巨头，1930 年希特勒与之结盟，而希特勒上台后，没过几个月，不费吹灰之力就把他抛弃了，胡氏从前的党徒们也没给希特勒找什么麻烦，因为他们大都已经成了新元首的追随者。

接着，最迟从 1935 年开始，和英国的关系变得非常重要。他会见了英国统治阶层的人，会见了英国贵族成员和保守党成员；他会见了哈利法克斯，接着又会见了张伯伦，还有其他很多人，包括老劳合 · 乔治——他再次看穿了这些人，或者说，他觉得他看穿了这些人。在他不平凡的政治生涯中，他确实看穿了很多对手和追随者。他认为，他了解这些人的优势，也了解他们的弱点，正如在1933年以前，他了解他潜在的德国保守党对手一样。而且，正如这些德国保守党派不愿意立场坚定地反对希特勒（当然也不愿站在自由党、社会主义党派和其他左翼党派一边），显然英国人也不愿意跟他发生战争，当然更不会愿意站在法国或其他欧洲国家一边。这些德国保守党派害怕共产主义，希特勒显然不屈不挠地反对共产主义和马克思主义，这让他们感到舒服，有些英国保守党人也一样。说实话，英国人的表现和这些德国保守党人一样，他们看起来愿意姑且相信他，至少认为他的新秩序（New Order）可以替代共产主义，可以让过时的议会自由主义那腐朽没落的气氛焕然一新。希特勒所没有充分意识到的是，英国人不是德国人——英国保守党人的爱国主义和德国保守党人的民族主义并不完全是一回事。但是，当他偶尔把英国的绥靖派称作“meine Hugenberger”，即我的胡根贝格主义者的时候，他也不是完全没有道理。

◆ ◆ ◆

我们已经看到，下议院中很多——也许是大多数——保守党议员都不怎么喜欢丘吉尔，他们不愿意向他鼓掌致意，很大程度上是因为他的个人声誉和公众声誉以及他的过去让这些议员感到不安。但是，问题还不止这些。这些议员占保守党议员的绝大多数，他们是1935年选入下议院的，而1935年的时候，政府的政策、他们所在党派的倾向以及大多数英国人所表现出来的倾向和 1940 年的情形很不一样。1935 年以及随后的几年中，他们愿意给这个新的德国一定的信任，或者更确切地说，他们没打算不相信这个新国家。自那时起，至少有过十来本关于绥靖政策的书。此处似乎并不合适再为绥靖政策的历史撰写摘要。另外，到了 1940 年，“绥靖”就其本身而言，已经是完全行不通了，英国和德国已经开战。但是，1940 年 5 月，议会对丘吉尔的态度模棱两可，更准确地说，是对他缺乏热情，这和他的反绥靖记录及言论有关，包括他曾多次攻击张伯伦的政策，直到 1939 年 9 月这种攻击才停止——这也是为什么我们不可避免地要对丘吉尔之前的对手（到 1940 年 5 月仍处于隐而不发的状态）的态度做个简短的描述。

英国倾向对德国采取绥靖主义［“绥靖主义”（appeasement）这个词直到后来，到 1938 年才广泛使用］，有很多原因。这些原因中就包括英国人民逐渐意识到，《凡尔赛和约》对德国并不公平，此后德国也一直未能得到公平对待。政府和人民（工党和反战主义者也都这么想）几乎一致希望，要不惜任何代价，避免让英国再次卷入一场战争，特别是不要再来一场欧洲战争。除了这样的想法广泛传播、深入人心之外，很多保守党人以及上流社会至少部分人士愿意给当时欧洲新型的独裁政府一些信任，这主要是因为这些政府似乎坚定地反对共产主义。正如安德鲁 · 罗伯茨在他给哈利法克斯所作传记中写的那样：“今天绥靖主义似乎显得丢人、怯懦，但这一政策曾一度占领几乎所有的道德制高点。这个词最初和理想主义、胜利者的大度、欣然为冤案平反同义。"* 我们也许会说，与其说绥靖是理想主义，不如说它是实用主义；与其说是大度，不如说是不愿意冒险参与，但罗伯茨的说法并非全无道理。他曾引用塞缪尔·霍尔爵士的话，说 1936 年 3 月时"这个国家有强烈的亲德情绪"，而且当时的首相斯坦利·鲍德温害怕战争，因为那"可能只会导致德国走上布尔什维克的道路"。† 在这一点上，罗伯茨肯定是正确的。（丘吉尔和其他人——无论战前还是战后很久——都宣称，阻止希特勒的最后一个机会是在 1936 年 3 月他占领莱茵兰的时候起来反对他，好像这是件挺容易的事。他们错了。）

现存一张鲍德温和张伯伦一起向议会大楼走去的照片，摄于 1937 年年初。他们身着皱巴巴的黑色外衣，配着僵硬的高领、雨伞、手杖，鲍德温头戴一顶高高的圆顶礼帽，张伯伦则戴着一顶亮闪闪的大礼帽，这二位看上去活脱脱就是残存的、已经完全落伍的维多利亚时代的化身——相较于取得了"意志的胜利"的希特勒，其过时程度看上去（还不仅仅是读起来）甚比 1933 或 1934 年的胡恩伯格、兴登堡（Hindenburg）和沙赫特（Schacht），是陈旧的——虽然也不算特别陈旧的——右翼的典型代表。

我们必须明白，20 世纪 30 年代，以及 1941 年 6 月之前的那段时间、甚至之后很长一段时间里，在很多地方，突出的矛盾并不是左翼和右翼之间的矛盾，而是两种右翼之间的矛盾。从某种意义上来

* 罗伯茨，《神圣的狐狸》，49 页。

† 同前，59 页。也可参考波纳尔的说法，他当时很尊重希特勒："明显的反德情结……我感觉这对国家来说是种危险"。（《参谋长》，93 页）

1937 年年初，鲍德温（右）和张伯伦一起向议会走去。他们身着皱巴巴的黑色外衣，配着僵硬的高领、雨伞、手杖，鲍德温头戴一顶高高的圆顶礼帽，张伯伦则戴着一顶亮闪闪的大礼帽，这二位看上去活脱脱就是残存的、已经完全落伍的维多利亚时代的化身……

说，“左”和“右”作为派别的划分和定义，其用场越来越小。比起丘吉尔，希特勒是偏左还是偏右？这两种说法都不能算正确。希特勒是个革命者，不是个传统主义者，但是，在很多方面，他都取代了这些日益过时的派别。就我们的目的而言，更重要的是要认识到，整个20世纪30年代，尤其是在欧洲，左翼的力量很弱。除了苏联之外，地球上其他地方还没有共产主义政权；共产主义只吸引了一小撮少数派和知识分子，对普罗大众没有什么吸引力。在德国，希特勒的纳粹党所取得的成功大放光辉，融化了社会主义者和共产主义者的反对，其他国家的情况也大致与此类似。英格兰也一样，即使在工党党员放弃了多少可算该党传统的反战主义并开始反对绥靖政策之后，对工党的支持也并没有实质性的增长。最坚定地反对希特勒及其第三帝国的是丘吉尔和戴高乐（de Gaulle）这样的传统主义爱国者——在德国，还有少数贵族同谋，他们最后在1944年试图刺杀希特勒。在英国，真正的分歧双方分别是丘吉尔及其追随者和张伯伦及其追随者，在法国则是戴高乐和贝当（Pétain）；意大利和西班牙也一样，分歧出现在法西斯主义者和保王党人之间。这些国家的情形和欧洲很多其他国家一样，主要的矛盾是右翼和右翼之间的矛盾，而不是右翼和左翼之间的矛盾。[美国也一样，富兰克林·罗斯福（Franklin Roosevelt）所面临的最危险、最主要的挑战来自右翼人士，而非左翼人士：脩义龙（Huey Long）和柯林神父（Father Coughlin）。] 在某种意义上，可以说，这条分界线要划在爱国者和民族主义者、传统主义者和实用主义者之间——但是，我们必须不能让自己掉到定义的沟里去。也许，更接近事实的说法应该是，这是一条极端保守派与保守派之间的分界线；实际上，在很多场合，丘吉尔都被骂作“无可救药的守旧分子”或“极端右翼分子”，并不只是希特勒主义者或共产主义者这么说，张伯伦的保守党中也有很多人这样批评丘吉尔（这也是为什么我在前文说张伯伦代表了陈旧的、但也不算特别陈旧的右翼）。比起丘吉尔，张伯伦是更左一些，还是更右一些？两种说法似乎都有道理，但也许我们应该借用塞缪尔·约翰逊（Samuel Johnson）的智慧，大意是“定义是书呆子的把戏”。*

无论如何，20 世纪 30 年代，内维尔·张伯伦是典型的英国保守主义领袖人物。他的声望很“稳定”（这一点和 1940 以前的丘吉尔大不一样）。他一成不变地不喜欢炫耀，不喜欢理智主义，不喜欢极端主义，不喜欢政治或财务方面的不负责任——对于英国必须采取并遵循的道路，他的视野也是一成不变地狭隘而坚定。他还一成不变地憎恶战争†，憎恶共产主义者和左翼分子，憎恶苏联，憎恶媒体的宣传。他不愿意卷入欧洲政局，不信任法国人（和美国人），这两点也从未改变。因此，这也导致他一如既往地认可德国人，包

---

* 尽管有些人（现在仍有这样的人）认为丘吉尔是个极端保守分子，另一些人则把他看作亲民主的煽动者。希拉·劳勒（Sheila Lawlor）在《丘吉尔和战时政局》中这样写道：“丘吉尔和他的支持者们……是激进派的反动作战力量。”（第 4 页）这大错特错。

† 1936 年，波纳尔写道：张伯伦“对军事与战略问题完全一无所知……他对战略的看法会让公立小学蒙羞”。（《参谋长》，42 页）再来看看罗伯茨是怎么说的：“反绥靖派的高级官员都有良好的作战记录——达夫·库柏、安东尼·艾登、哈罗德·麦克米兰（Harold Macmillan）、温斯顿·丘吉尔、罗杰·凯斯（Roger Keyes）、路易斯·斯皮尔斯（Louis Spears）等——而鼓吹绥靖政策的国民政府的大臣们，比如鲍德温、麦克唐纳（Macdonald）、霍尔、约翰·西蒙爵士（Sir John Simon）、金斯利·伍德爵士（Sir Kingsley Wood），他们自己从未经历过战斗”。（《著名的丘吉尔主义者》，12 页）

括希特勒在内，他给德国人的，远远超过“姑且相信”。他的精神构成中还有另外两个成分，一个是晚期维多利亚成分，另一个则是现代成分。这两个成分进一步强化了他的最后一点倾向。他那英格兰中部地区所特有的、不守成规的、维多利亚式的倾向——不相信法国人，但相信德国人——和他的父亲约瑟夫·张伯伦并无二致。约瑟夫这名老练的政客在1899年就提出，这个世界应该由日耳曼国家来统治：英国、美国、德国。到了20世纪30年代，张伯伦的认识来得更是恰逢其时。他认识到，很多国家议会－自由的民主理念已经失败，尽管英格兰肯定还没到这个地步。他认为墨索里尼建立的那种新政权（而且，在张伯伦看来，甚至希特勒的政权也一样）有一定的优势，特别是他们坚定地反对共产主义。当然，很多人也都这么想（包括丘吉尔）。* 张伯伦和丘吉尔不同的是，他的头脑不算敏捷（这倒也未必总是件坏事），但是，这意味着即使相反的证据已经开始累积，他也不愿意改变自己对事物的看法。于是，张伯伦的对手认为他心胸狭隘、冥顽不化，而他的支持者则觉得他沉着冷静、顽强不屈——多年以来，后者的人数要多得多。

但是，到了1939年，张伯伦不得不改变想法——因为希特勒的缘故。他的对手觉得，他转变得太晚了；他的支持者则不这么想。这并不是我们必须关心的范畴。但是，思想的转变并不意味着（或者说，至少很少意味着）性格的改变。张伯伦并不适合做战时的领

* 其中最典型的证据，可见他1930年为《试验中的独裁整体》（*Dictatorship on Trial*）所写的序言，卢卡斯《对决》中曾提到，见51页。

袖。1940年11月，在他的葬礼上，丘吉尔会称他是“英国的杰出人物”，1939年8月，他也确实不负这样的称号。当时，他明白，不管多么不情愿，英国必须恪守诺言，奔赴战场。但是，1939年8月23日，希特勒与斯大林签署协议的消息传了出来，同一天，希特勒发布命令，定下侵略波兰的日期——这一天，张伯伦对美国大使约瑟夫·肯尼迪说：“我能想到的，我都已经做了，但是，似乎我所做的一切都徒劳无功。”按照肯尼迪的说法，张伯伦非常沮丧：“（他）说所有事情中最可怕的就是这一切都徒劳无益；不管怎么说他们救不了波兰人；他们只能展开一场复仇之战，而那将意味着整个欧洲的毁灭。”*（至少在一定程度上，张伯伦也和肯尼迪一样持反犹太主义。）†接下来就是长达八个月的勉强战（Reluctant War）。张伯伦仍担任首相。“这场战争的早期阶段处于消极状态，这不仅仅是因为能做的很少，也因为张伯伦几乎什么都不想做。”‡这就是为什么丘吉尔在5月10日接替了他的职位。这之前下议院有过一场辩论，当时一部分保守党议员临时抛弃了张伯伦，当然他们也没有真的把满腔忠诚转投丘吉尔。

但是，除了张伯伦的支持者及议会中的保守党多数派之外，

---

* 阿斯特尔（Aster），《1939》，334—335页。肯尼迪可能有些夸张，这并非不可能。这些是肯尼迪的原话；他想说服张伯伦，给波兰人施加压力，让其投降。

† 这是1945年12月肯尼迪对詹姆斯·福里斯特尔（James Forrestal）说的：“他说，张伯伦宣称，美国和世界上的犹太人迫使英国加入了战团。”[《福里斯特尔日记》（*Forrestal Diaries*），122页）] 凯尼思·克拉克和张伯伦关系相当密切，他在回忆录《木头的另一部分：一幅自画像》（这是一幅小心翼翼精雕细琢的自画像）中写道，张伯伦曾在首相别墅跟他说“他是个重事实的人”。克拉克：“难道希特勒的演讲和纳粹帝国的惨状不是事实吗？张伯伦先生对此不予理睬。当我冒大不韪向他提及时，他说：‘都是宣传而已’。”（270—271页）（克拉克真的“冒大不韪”这么做了吗？也许吧。）

‡ “这种状态得到了法国政府的愉快认同，尽管原因不尽相同。”（埃努夫，《英国政府的战时目标及态度》，30页）

政府官员和上流社会中还有一些很有影响力的人群，他们对丘吉尔的不喜在 1940 年 5 月的时候肯定还没有完全消失。极端主义分子——比如莫塞莱分子、英国法西斯主义者、亲德狂热分子（Germano-maniacs）、偏执的反犹太者，等等，并没有太大的影响力，而且，我们很快就会看到，到 5 月 24 日的时候，政府通过了一项严苛的条例，已经对这些人做了妥当的处置。就这项条例而言，张伯伦和丘吉尔的态度完全一致。但是，在英国（几乎和欧洲任何其他地区都不同），至少在 1940 年 5 月之前，贵族阶层中有很多人相当明确地表达了他们对希特勒的支持——或者说，至少表达了对当时具有亲德倾向的张伯伦的支持。[*]王室成员也有同样的倾向，而且，更重要的是，颇具影响力的高级政府官员也这么想。[†]其中一个代表就是霍雷斯 · 威尔森爵士（Sir Horace Wilson），

---

* 直到 1939 年 4 月，“这个国家许多最高贵的贵族还在写信给哈利法克斯，恳求他回到绥靖路线上去，这样的信多的让他应接不暇。这些信在细节上各有不同，但他们的主要意思都是德国对英国本身没有任何恶意，应该给德国让出一条自由通道，让他向东去打苏联。对这些人来说，给波兰的保证简直就是个灾难性的错误。这些信中不断反复出现的另一个特点是，这些人认为，和德国开战会毁掉英国在世界上的地位，只有犹太人和共产主义者会从中获益。哈利法克斯自己直到 1937—1938 年间仍持基本相同的观点，他给这些人写了长长的、很客气的回信，礼貌地解释并维护自己的政策。他知道这些通信对象的社会地位；实际上，他在伊顿做过伦敦德里侯爵的仆人。战争已经开始很久之后，（有些人）还在恳求他恢复同德国的友谊。”（罗伯茨，《神圣的狐狸》，151—152 页）

† 重现这方面的证据并不容易，因为比较零散，肯定也很不完整。[罗伯茨的《著名的丘吉尔主义者》中有很多有趣的材料。张伯伦并没有把他的文件和信件挑出去（存于伯明翰大学图书馆），至少挑出去的不多。哈利法克斯挑出去的就相当多（存于约克大学波次维克历史研究所），哈夫人也挑出去很多。在剑桥的丘吉尔档案馆，莫里斯 · 汉基爵士（Sir Maurice Hankey）的日记被剔除掉了：在 1939—1944 年这段时间，每年的内容要么为零，要么极少，不过他的部分信件还存放在那里。] 保守党在议会中的组织工作主要由大卫 · 马杰森（David Margesson）负责，他的文集（由他女儿放在丘吉尔档案馆）中 1939—1946 年的这部分也不见了。同样被剔除掉的，还有剑桥三一学院的《巴特勒文集》：比如，这些文集的“导读”称：“有四份文件似乎仍有一定敏感性，在敏感问题可谓完全消失之前，不宜提供查阅。”（这些文件存放在 E3/60，是一批塞缪尔 · 霍尔爵士和阿奇 · 詹姆斯（Archie James）之间的往来信件，后者是皇家空军中校、国会议员，供职于驻马德里英国大使馆。）

1940 以前他是张伯伦最亲密、最信任的顾问。1939 年，R. A. 巴特勒在一封信中开玩笑地称威尔森是"英格兰的无冕统治者"。凯尼思 · 克拉克的回忆录似乎也支持巴特勒的这一评价："张伯伦先生并不是一个很有想象力的人，他尤其缺少'天线'。需要想象力和直觉的决定，都是由一位名叫霍雷斯 · 威尔森爵士的特别人物替他做出的。霍爵士坐在唐宁街首相房间外边的一个小办公室里，每个和首相有约的人都必须经过这间办公室，并同霍爵士交谈几分钟……我也曾偶尔和他交谈过，觉得挺愉快，我也是这么跟张伯伦先生说的。首相的眼睛一亮，转过来看着我，说：'他是英格兰最了不起的人。没有他，我一天也活不了。'"*5 月 10 日以后，他就必须得过没有霍拉斯的日子了：丘吉尔做的前几件事之一就是让霍雷斯 · 威尔森走人。

R.A. 巴特勒是哈利法克斯在外交部时的副部长，从某种意义上讲，他就是哈利法克斯的威尔森，虽然哈氏对巴特勒的依赖不像张伯伦对威尔森那么严重。巴特勒和威尔森一样，是个完美的阴谋家，精通幕后操纵的那一套。他还很有钱，信奉社会阶层论，主张掺杂了一定民主成分的各贵族阶层才是英国的精华。他的倾向从他 1938

---

* 1939 年 2 月 17 日，巴特勒写给布雷伯恩勋爵（Lord Brabourne），《巴特勒文集》，F79/93。克拉克，《木头的另一部分》，271 页。又见《巴特勒文集》，F80/98（写于 1939 年中）："我一直想对那些和我共事的人做个性格研究……霍雷斯 · 威尔森爵士的权力非常大。他是当今时代的伯利（Burleigh），前两天他把张伯伦的任务和伊丽莎白女王的工作相提并论，让我很感兴趣……（他）喜欢权力，而且'以一种神秘的方式促进他想做的那些奇事'……如果他能和纳粹德国达成谅解，他在工业谈判方面的长处可以发挥到极致，在内心深处他仍希望可以这么做……（但是）如果说这位眼睛湛蓝、声音柔和、面容狡猾的知名人物只是绥靖政策的缔造者，那恐怕有失公允。"

年 3 月 18 日手写给张伯伦和哈利法克斯的信中可见一斑，当时希特勒侵略并吞并奥地利才只有几天时间，巴特勒推荐张伯伦和哈利法克斯读一读 E.W.D. 坦南特（E. W. D. Tennant）对此事的叙述，此人是英德友谊会（Anglo-German Fellowship）的主席："他很谨慎，很诚恳……我没告诉他我把这个给您和哈利法克斯看了。"坦南特的"叙述"（零星地穿插了反犹太言论）中指责倒霉的奥地利总理库尔特·冯·舒施尼格（Kurt von Schuschnigg）对奥地利纳粹党人施以"残酷的虐待"。其主要内容如下：

> 目前英格兰仍主要由贵族阶层所统治，其古老传统几个世纪以来基本没有变化。德国则由一个相对来说年轻的人统治，他起点较低，对其他国家的情况没有切身体会，他周围的顾问也都是同一类人，大家都精力旺盛、活力十足，都经历过常人难以想象的艰辛……他们强硬、无情，但能力极强，他们相信自己在追求的是非常崇高的理想。我仍然相信，与这些人握手成友不仅可能，还是件很容易的事……希特勒的决心一如既往，他要不惜任何代价，甚至不择任何手段，阻止共产主义在欧洲的蔓延。

对此，巴特勒加了一句："我想，您二位一定会发现，他的叙述非常真实。"*

---

* 同前，F70/14。

霍雷斯·威尔森在幕后扯着各种各样的线（至少在一件事上这么说毫不夸张——1938 年温斯顿·丘吉尔的电话被人搭线窃听，他就是幕后主使），巴特勒和他一样，也特别有阴谋搞鬼的天分。1938 年 4 月，他制订了一项计划来左右英国媒体，“有些（英国报纸）意识到了德国的愤怒”。“我们真正想成立的，只是一个小小的宣传委员会，宣传一下我们外交部所做的工作：……（1）确保可以充分体现我们（对德国执行绥靖政策）的情况；（2）确保各报纸的通信栏目刊登的都是我们的朋友的信和他们的观点；（3）确保比起我们的对手和准对手，我们的言论能更好地（同等地）传到民众的耳朵里，为他们所了解，比如，应注意温斯顿发起的运动。”* 在绥靖问题上，巴特勒更倾向支持张伯伦的观点，反而不那么赞成他的顶头上司哈利法克斯；在某些场合他甚至这么说过。他喜欢绥靖，从中得到一种邪恶的快感，这是德奥合并之后外交部其他人都不曾有过的。他以极端党派作风针对自己党内成员，对幕后交易有特殊趣味，当自己是救世主一样反对丘吉尔，凡此种种，都让巴特勒成为一个极不受欢迎的角色，就算他的个人文件中剔除了大量内容，仍无法阻止别人对他形成这样的印象。†

这已经够了。在那黑色的两周里，威尔森和巴特勒都不是主要角色。1940 年 5 月 11 日，丘吉尔赶走了霍雷斯·威尔森。但他并没有把 R. A. 巴特勒从白厅赶出去，因为他没法这么做。这一点很

---

* 同前，F79/24。

† 罗伯茨，《神圣的狐狸》，140 页。

重要，巴特勒毕竟是哈利法克斯的次官，而到了 5 月 24 日，战时内阁开始出现新的阵线。丘吉尔的主要对手不再是张伯伦，而是哈利法克斯。

◆ ◆ ◆

爱德华·伍德（Edward Wood），哈利法克斯勋爵，是安德鲁·罗伯茨一本传记的主角，这部传记写得极为漂亮——主次分明，详略得当，参考的各种资料之多，令人叹为观止。其中几个重要部分涉及哈利法克斯和张伯伦以及丘吉尔的关系。* 考虑到这一三角关系对 1940 年 5 月所发生的事情颇为关键，即便可能不够严密，我们也必须尝试对哈利法克斯的性格做一简短素描，并大致勾勒一下他的政治生涯，看看是什么样的性格和历史让他走进黑色两星期，并最终促使他下定决心反对丘吉尔。

这不是件容易的事。哈利法克斯的性格和丘吉尔大相径庭，但他和张伯伦也不像。他的长相颇为奇特：很高，而且瘦削笔直，站着的时候两只大得出奇的脚呈明显的外八字。他生来就没有左手，但可以灵活运用假肢（一个拳头），他的衣着不引人注目但剪裁非常精心。他贵族式的外貌和他的性格相当吻合：沉着、冷静，甚至可能显得有些冷漠；与其说敏感，不如说害羞；他总是能很好地控

---

* 哈利法克斯的自传《充实岁月》（*Fulness of Days*）极其乏味，无甚可用之内容，当然其中也零星地点缀着些许幽默。别根海特伯爵（The Earl of Birkenhead）的《哈利法克斯：哈利法克斯勋爵的一生》（*Halifax: The Life of Lord Halifax*）则更有价值，偶尔还带有一定的批判性。

制情绪，而且，也许更让人钦佩的是，总是能很好地控制自己的野心。他的幽默感不太明显（并非很差），幽默感这种英国人特有的素质，张伯伦简直一点都没有，而丘吉尔（至少在有些人看来）可能又有太多了。哈利法克斯主要的兴趣——或曰嗜好——是猎狐，取得高贵的英国国教和高级政府职务。头一项嗜好已经到了这样的地步——他经常会在阐释完全不同，甚至极为严肃的事情时用上打猎和射击的修辞；至于第二项，他是牧师的典型，而不是有信仰的内省者；再说第三项，“他的政治生涯（是）一出不间断地取得成就、获得提升的连续剧”。* 丘吉尔叫他“神圣的狐狸”（Holy Fox），按照罗伯茨的说法，这是个“有点儿勉强的双关语”（我们可不这么认为）。也许他荣誉的最高点是1925—1931年担任印度总督［当时他是欧文勋爵（Lord Ervin）］；他出于实用主义的考虑，赋予印度以自治领地位，丘吉尔曾强烈反对这么做。从印度回国之后，拉姆齐·麦克唐纳的国民政府邀请他出任外交大臣，他拒绝了。1934年，哈利法克斯的父亲去世，他成为哈利法克斯子爵，并接受了鲍德温和张伯伦内阁的高级职位。1935年，有五个月的时间，他担任陆军大臣——并反对改良装备。前文已经提到，1938年2月，张伯伦打发了安东尼·艾登，任命哈利法克斯做他的外交大臣。

哈利法克斯是个绥靖分子——老实说，就算他不是个完全极端的绥靖主义者，他也是绥靖派中的典型。1938年之前那几年以及

* 罗伯茨，《神圣的狐狸》，1页。

1938 年的大部分时间里，他对希特勒的德国做出了很多让人遗憾、扼腕的判断，这里我们就不一一赘述了；他的各类传记、他的对手的传记，以及各种私人文集和公共档案里，这样的例子简直不胜枚举。“就算他不是个完全极端的绥靖主义者”：因为就他的具体情况来看，有很多蛛丝马迹表明，他那众所周知的、冷静沉着的判断能力已经被错觉所压倒，他那在其他情况下一向坚定地走实用主义路线的头脑，突然就让愿望成了思想的主宰——说实话，愿望***已经成为***他的思想，他居然觉得戈林“坦诚而有魅力”，觉得戈培尔“讨人喜欢”。有很长一段时间，他对希特勒的了解都远远不够。有一次他还把希特勒的“神秘主义”与甘地（Gandhi）的思想相提并论。1937 年 11 月，他与希特勒进行了一次非常不成功的会晤，回来之后，他给张伯伦写信，说殖民问题是德国和英国之间仍存在的“唯一重要的问题”。这不仅是对希特勒的巨大误读，也是对整个世界形势天大的误解。* 希特勒的主要目标是欧洲，不是其他地方。但是，当时哈利法克斯对欧洲的兴趣不大——这是他和张伯伦的共同点之一。这就是为什么当张伯伦解除艾登的职务换上哈利法克斯之后丘吉尔一夜不能成眠的原因。1938 年 3 月，希特勒吞并奥地利之后，哈利法克斯有个特别典型的哈氏反应：“在发生山崩的时候，

---

* 同前，67 页。引自《鲍德温文集》（173/61），1937 年 11 月 15 日：“出访希特勒是哈利法克斯绥靖主义的极限。”哈氏在给鲍德温的信中提到此前不久国际联盟在但泽的特派员卡尔·布尔克哈特（Karl Burckhardt）与希特勒的一次谈话。他这样写道：“民族主义与种族主义力量强大，但我不觉得这有什么不自然或不道德之处。”他还说，在他出发的前一天晚上，“我自己绝不会怀疑这些人不是真正在恨共产主义，等等！而且我敢说，如果我们处在他们的位置，我们可能会有同样的感觉！”当时在伦敦的德国大使是里宾特洛甫（Ribbentrop），他对当时主要的主要绥靖分子汤姆·琼斯（Tom Jones）说：“哈利法克斯越早见到元首越好。”（同前，64 页）他说对了。

非要踩上去，被裹挟而去，有什么好处吗？”* 丘吉尔有句话和哈氏的这句话异曲同工，着实耐人寻味。我们会看到，1940 年 5 月 27 日，丘吉尔会选择类似的比方，但他打这个比方含义却完全相反：当时，丘吉尔对哈利法克斯和战时内阁说，任何试图与希特勒进行和谈的建议都意味着英国将走上一滑到底的下坡路。罗伯茨引用奥利弗 · 哈维 1938 年说过的话，说哈利法克斯“很容易就会对不愉快的事实视而不见，总能特别机灵、甚至是阴险地绕开自己脑子里那些尴尬的角落”，不过，罗伯茨也补充说，哈维的“言之凿凿”并不准确。† 但是，1938 年的春夏季节，哈利法克斯只是忙着偷偷摸摸地和各方接触，施展阴谋诡计，包括试图操纵媒体，并对着希特勒的中间人发表了一些奇怪的声明。‡

1938 年 9 月的一个晚上，变数来了。15 日那天，张伯伦突然飞往贝希特斯加登（Berchtesgaden）与希特勒进行会晤，希望能跟他达成协议——对于英国首相来说，这样的行程史无前例。他得到了哈利法克斯全心全意的支持。一周以后，当张伯伦再次飞去见希特勒的时候，哈氏仍全力支持，这次首相飞往哥德斯贝格

---

* CAB27/623–26（378）。

† 罗伯茨，《神圣的狐狸》，95 页。

‡ 早在 1936 年 3 月（莱茵兰危机），哈利法克斯就建议“与德国的任何直接接触都应向法国保密”。（同前，59 页）1938 年 7 月，希特勒的副官弗里茨 · 维德曼（Fritz Wiedemann）上尉来到伦敦。哈利法克斯在自己的办公室接见了他。维德曼离开时，哈氏应该是说了他“希望看到自己工作的顶峰是元首进入伦敦，站在国王身边，接受英国人民的欢呼”。维德曼可不是个不可靠的人，他把这话转告给了希特勒。在已经出版的德国外交文件中可以看到这句话，罗伯茨的《著名的丘吉尔主义者》中也引用了这句话，在 16—17 页（但是，在罗伯茨的书里，这次访问的日期误作 1939 年 7 月，而非 1938 年）；但是，罗伯茨又说：“这个声明可能被夸大了，这种可能性总是存在的，但是当战后这段谈话向公众公开时，哈利法克斯并没有试图否认。”也有人向本书作者证实了哈氏的声明（私人信息）。

（Godesberg）。在这次会晤中，希特勒抬高了要求，展露了他威胁人的本事。张伯伦不愿意英国对捷克斯洛伐克和法国做出任何承诺，但是他甘愿，甚至是迫切地想同意希特勒的要求。张伯伦回来之后，举行了一次内阁会议。哈利法克斯完全支持张伯伦的想法。他的次官亚力克·卡多根在日记中写道："越发惊骇，发现（张伯伦对哈利法克斯）施了催眠术，他彻底让步……我给（哈利法克斯）写了个便条，讲了***我***的想法，但无济于事。"那天晚上有两个内阁会议；第二个会议之后"（哈利法克斯）彻头彻尾、欢天喜地地拥抱失败主义和反战主义……开车送他回家，给他讲了些我的想法，但未能让他动摇。"* 其实，他的想法确实有了动摇。第二天早晨，他告诉卡多根："亚力克，我很生你的气。你让我失眠了。我一点钟就醒了，之后再也没睡着。但我的结论是，你是对的。"所以，自他被任命为外交大臣让丘吉尔彻夜未眠之后，过了差不多整整七个月的时间，哈利法克斯***自己***也睡不着了。下一次内阁开会的时候，他突然发言了。不能信任希特勒；纳粹主义最终一定要被消灭。张伯伦又震惊又失望。那天晚些时候，哈利法克斯跟张伯伦讲了他的不眠之夜。张伯伦的回答很刻薄，俏皮地说半夜冒出来的念头可不靠谱，话里话外却一点儿幽默的意思都没有。但是，从那时起，张伯伦和哈利法克斯的观点开始出现分歧。丘吉尔尤其注意到了这一点："我觉得哈利法克斯还不像首相那么神志不清，"他在1939年2月

* 《亚历山大·卡多根爵士的日记》（*Diaries of Sir Alexander Cadogan*），103页、105页。

这么说。[*]1939 年夏天，战争爆发前的最后几个月里，张伯伦（他背后是霍雷斯·威尔森）仍怂恿英国同希特勒的一些马前卒们进行各种可疑而危险的接触，哈利法克斯却没有。不过，战争开始之后，哈利法克斯、张伯伦和丘吉尔之间就没有了严重冲突，这三位现在都是内阁成员了。

但是，哈利法克斯和丘吉尔在很多情况下又有不同。在勉强战期间，哈利法克斯愿意听取（虽然他自己从不承认）想插手此事的各式人等提出的花样百出的非正式调停方案。他仍对戈林可能继希特勒之后成为德国元首抱有一定希望。这并不意味着哈利法克斯又退回到了绥靖路线上去。他的主要动机——至少，他自己在某些场合是这么说的——是希望在战争无可挽回地在英国全面爆发之前赢得一些时间。5 月 6 日，他在内阁会议上拐弯抹角地说了几句，大意是“赢得时间的办法之一就是用和平谈判迷惑德国人”。[†]“和平谈判”的想法让丘吉尔大为光火。这是叛国罪，他说。哈利法克斯很快给丘吉尔写信：“我的想法可能不负责任，但你确实很不公平。这些想法可能愚蠢，当然也危险，但不是叛国罪。我一直都不喜欢跟你发生争执，但我尤其不喜欢因为误会跟你起冲突。”丘吉尔马上回复，就写在同一张纸上：“亲爱的爱德华，我当时感到一阵恐惧的战栗。如果让你不快，我很抱歉。在目前这种挫败的氛围之

---

* CA2/343。

† 未发表的便条，夹在加若拜专辑（Garrowby Album）（哈利法克斯家庭剪贴簿）中，引自罗伯茨，《神圣的狐狸》，181 页。这个发现有点儿奇怪，考虑到哈利法克斯对文集进行过仔细的挑拣，可能是无意中夹进去的：“哈利法克斯一向特别在乎自己的声誉，后来为此做了注释”。

下，这是一个相当致命的想法。你似乎未能预见到这一点。原谅我。温。"* 这是两位老派的绅士之间得体的交流。匆忙中草就的措辞，甚至笔迹，都很能反映书写者的个人性格特点。但是，罗伯茨明智而审慎地评价说，"我们必须把哈利法克斯同丘吉尔关系的所有蛛丝马迹仔细地拼在一起"——而这不仅仅是因为哈利法克斯"对他的文集进行过彻底清理"。"丘吉尔和哈利法克斯之间有很多讨论，特别是在内阁会议期间以及开会前后，有些我们没有能够记录、回忆。" †

倾向寻求折中方案，对任何夸大或过于情绪化的事情都发自内心地不喜，这是哈利法克斯的典型特点，不是丘吉尔的。这一点还不仅仅是因为策略的不同，甚至可能不仅仅是因为个人气质的差异。也许丘吉尔更了解哈利法克斯，而哈利法克斯并不太了解丘吉尔，这种情况在一定程度上是由于哈利法克斯不愿意仔细揣摩丘吉尔的想法。他似乎觉得，丘吉尔的有些提议或观点不仅过分、极端，还很肤浅。简而言之，他对丘吉尔的感觉很矛盾，在有些方面不信任人家，在另一些事情上却又仰慕——至少是尊敬——人家的权威。丘吉尔担任首相后不久，在很多事情上都可以发现哈利法克斯的这种矛盾心理。5 月 11 日，他向丘吉尔表示祝贺，言辞间极尽热情之能事。（第一句话："我知道你勇敢地挑起了多重的担子。"最后一句："现在，我们一切都要靠你了。想必我不说你也知道，我是多

---

* 有趣的是，这个便条用的是首相的信纸。哈利法克斯是不是在张伯伦的办公室匆忙地写下了这个便条？或者，也许更大的可能是，当时首相的信纸就在内阁办公室？

† 罗伯茨，《神圣的狐狸》，188 页。

么全心全意地支持你的领导。上帝永远保佑你。”）* 但是，同一天，哈利法克斯给他的儿子——也是位议员——写信时说：“我希望温斯顿不会带我们做什么轻率的事情。”† 这些日子里，哈利法克斯在后来毁掉的日记中，多次以批评的口吻提到丘吉尔。哈利法克斯是否“简单地以为，他站在宝座之后比端坐其上位置更高权力更大”？也许吧。他觉得丘吉尔的任期长不了。5 月 11 日，哈利法克斯在日记中写道：“我很少遇见像这样知识空白、匪夷所思、脑子一阵阵抽风的人。这样的大脑能有序运转吗？这可干系重大。”他又写道：“在才智方面我们肯定不会有太大收获。”5 月 12 日：“对温斯顿的方法感到不安。”5 月 13 日：“作为首相，温斯顿和内维尔根本没法相提并论。”同一天，在一封信中：“我感觉 WSC 不会是个很好的首相，虽然我感觉全国都认为他会让大家振奋起来。”“他是个怪胎。”5 月 14 日：“这让我比以往更加怀疑他的判断。”那天他用了当时很流行的（到处出现）一个词“流氓”来指丘吉尔的新队伍：“流氓们很快就会掌控一切。”但是，在同一本日记中，5 月 10 日提到丘吉尔：“他的作为颇有公心。”5 月 17 日：“温斯顿的勇气让我颇为震撼。”最后，5 月 24 日，星期五：“晚餐前我和温斯顿聊了一下；他像以往一样充满勇气。”‡ 但此时他已准备在战时内阁与丘吉尔对峙。

---

* CA 20/11。

† 罗伯茨，《著名的丘吉尔主义者》，157 页。

‡ 哈利法克斯写的日记是为了在家族内部传阅；上边提到的多篇日记都出现在约克的日记中，A.7.8.4。“流氓”出现在《巴特勒文集》中，G11；其他的出现在罗伯茨的《神圣的狐狸》中，199 页。另见劳勒，《丘吉尔和战时政局》，196 页。

此时国王和王后的友谊继续给哈利法克斯带来极大的愉悦。5月20日，他穿过白金汉宫的花园（向他有钥匙的那个门走去，钥匙是王后给他的）：我们“被草坪上的一个小型聚会绊住，参加聚会的有国王、王后和格洛斯特公爵一家，我们跟他们一起举杯、畅聊！”* 5月22日，丘吉尔派信徒利奥·埃莫里（Leo Amery）在牛津发表演说，他是这样描述此事的：“我本想说上几句，提醒大家提防希特勒的和平攻势，但是……（演讲稿）呈给爱德华（哈利法克斯）传阅时，他轻描淡写地说这事证据不足，倒好像是我们邀请希特勒提出媾和条件然后我们又不去履约似的。”†

◆ ◆ ◆

现在该来说说战时内阁的情况了。1940年5月10日以后，战时内阁有五位成员——丘吉尔、哈利法克斯、张伯伦及另外两位工党领袖，分别是克莱门特·艾德礼（Clement Attlee）和亚瑟·格林伍德（Arthur Greenwood），这两位受到邀请加入这个联盟，使之成为一个国民政府。有时其他内阁级大臣或军方高级官员也会被邀请加入。偶尔出现的还有内阁秘书长爱德华·布里奇斯爵士（Sir Edward Bridges），但他时不时地就要出去回避一会儿，因为讨论的事情极为机密，这发生在5月26日和27日的内阁会议上。

* 《哈利法克斯文集》，A.7. 8. 4。
† 埃努夫，《英国政府的战时目标及态度》，196页。

5 月 10 号以后，尽管丘吉尔已经成为首相，但他并没有搬进唐宁街。他的住所仍在海军部大楼，有些内阁会议也在那里召开，不过大部分还是在唐宁街 10 号，该处上面一层楼里仍住着内维尔 · 张伯伦和张伯伦夫人。内阁会议室当时（现在也一样）是在 10 号的一楼，在一条长长的走廊的尽头。这是一个比较新的安排。唐宁街 10 号的大部分是在 17 世纪建造的。到了 19 世纪，“10 号”已经成了一个密码，虽然并非所有的首相都选择住在这里。20 世纪几乎所有的首相都住在 10 号，只有丘吉尔在任期的前几个月没搬进来（还有，托尼 · 布莱尔也不住在这里）。张伯伦很喜欢住在 10 号，1937 年他对其中一些房间重新做了安排，主要是一楼的房间。* 伊恩 · 科尔文（Ian Colvin）的《张伯伦内阁》一书中对内阁会议室有很详尽的描述，这本书内容的时间跨度是 1937—1938 年：“内阁会议室又窄又长，屋顶很高，有一张至少长达 25 英尺的桌子，桌边围了一圈椅子，椅腿状似军刀，并装有皮质坐垫。该会议室在 1781 年曾借助两根科斯林柱进行扩建。”桌上有一些漂亮的烛台和雕花玻璃，有两座钟置于壁炉架上，还有一台做工精良的落地钟；到了 20 世纪 30 年代，还有书架和电话。“大理石壁炉的上方挂着一幅凡卢（Van Loo）的罗伯特 · 沃波尔爵士（Sir Robert Walpole）画像，壁炉前方则是首相的扶手椅和墨水瓶，这两样东西位于桌子的中央位置……内阁会议室高高的百叶窗面朝 10 号低矮的花园围墙，从围墙上方，

---

* 1937 年以前张伯伦住在唐宁街 11 号，英国财政大臣的官邸；他自己在伊顿广场的房子则租给了里宾特洛甫，里氏是当时的德国大使。

可以看到皇家骑兵卫队阅兵场和圣詹姆斯公园的悬铃树。”前厅就在红色的、裹了粗呢的门外，铜框的标牌指明每位大臣的帽子应该挂在什么地方。*

乍一看，丘吉尔在战时内阁似乎拥有绝大多数人的支持，日子比较好过，更不要说外围的内阁级大臣了：即便张伯伦和哈利法克斯可能会反对他，两位工党大臣也会支持他，最糟糕的情况也是三比二。的确如此，但也仅仅如此而已。艾德礼和格林伍德是内阁的新成员，他们在军事和国际事务方面的经验非常有限；此外，他们所代表的政党在议会中只占很少的席位。1940 年 5 月，他们在战时内阁中以听为主，并不怎么发言（艾德礼尤为如此）。如果丘吉尔和另两位著名的保守党议员出现真正的决裂，那将会带来灾难性的后果。要是哈利法克斯和张伯伦中有一位辞职或两位同时辞职，此刻国家已经出现危机，并且马上会在议会中产生反响，丘吉尔的地位会严重受损，甚至也许根本就坐不稳首相的位子。

5 月 24 日，星期五，战时内阁在上午 11:30 召开会议。阁员们主要围绕着加来展开讨论，丘吉尔详细讲了此地的情况。似乎这时候他还没有收到希特勒下令停止前进的消息。在发言中，他第一次提到了敦刻尔克：“相当数量的法国军队已经到达敦刻尔克，但英国尚未有军队派往此处，只有英国远征军派回来的几支小分队。这个港口目前一切正常。”† 然后哈利法克斯提到比利时的危机：大家就

---

* 科尔文，《张伯伦内阁》，18 页、21 页。

† CAB 65/7。

是否应该着手准备迎接利奥波德三世（Leopold Ⅲ）及其家人起程前来英格兰进行了更多的讨论，十二天之前荷兰女王及随行人员已到达英格兰。哈利法克斯说，是的；丘吉尔说，还不必。但就这个问题，他们二人并没有发生真正的冲突。

5 月 24 日当天，无论是丘吉尔还是哈利法克斯都没有意识到，华盛顿方面有了重大进展。自从战争爆发以来，丘吉尔一直与罗斯福总统保持秘密的联系。此事哈利法克斯是知道的，而且他也支持。但是，重要的一点是，迟至 1940 年 5 月中旬，罗斯福仍不太信任丘吉尔的领导能力。他收到的有关丘吉尔性格的报告内容各异，并非所有的都是正面信息。* 而且，还有罗斯福在伦敦的大使约瑟夫 · 肯尼迪。我们已经注意到，这个家伙憎恶丘吉尔，他认为英格兰没有任何机会（或者理由）抗击德国；罗斯福已经注意到肯尼迪的失败主义倾向，哈利法克斯也注意到了。但是，更重要的是，5 月 15 日，丘吉尔拟了一封电报发给罗斯福，电文内容着实吓人一跳。这是丘吉尔第一次透露他已经对前方的绝境有所展望，已经意识到如果英国被迫求和，他将被丢到一边。（注意，这是在 5 月 15 日的下午，丘吉尔那么早就料到了法国可能陷落。）“您肯定已经感觉到，

---

* 萨姆纳 · 威尔斯（Sumner Welles）3 月时曾访问伦敦，之后他报告：丘吉尔不太靠谱，他喝酒太多。助理国务卿阿道夫 · 伯利（Adolf Berle）：丘吉尔可能太老了，他“很累”。5 月 11 日，白宫针对丘吉尔进行了讨论。内政大臣哈罗德 · 伊克斯（Harold Ickes）：“显然，在酒精的作用下，丘吉尔很不可靠。”罗斯福说他“以为丘吉尔是英格兰最出色的人物”。劳工部长弗朗西斯 · 珀金斯（Frances Perkins）：罗斯福对丘吉尔“心中没数”，问他的内阁成员丘吉尔究竟是个“什么样的人”。伊克斯：丘吉尔“太老了”。还有罗斯福夫人的意见——这位夫人认为丘吉尔是个“保守派”，她甚至请了一位朋友去给她丈夫讲清楚这一点（卢卡斯，《对决》，73 页）。关于丘吉尔——罗斯福的早期关系，同前，72—74 页。

局面已经迅速黯淡，”他写道，“如果必要，我们将孤军奋战，我们并不惧怕这一点。但是，总统先生，我相信您已经意识到，如果美国隐忍太久，那么将来无论是发声还是发兵，恐怕都毫无意义。你会看到一个完全被征服的、纳粹化的欧洲以惊人的速度建立起来，***而那可能会成为我们不可承受之重***。”斜体是我加上去的。

在收到电文 12 小时之后，罗斯福回复了丘吉尔的电报。他的语气很友好，但并没承诺太多。两天之后，丘吉尔用一封只有 5 个句子的短信表示了对罗斯福的感谢。“无论目前在法国进行的这场激战结果如何，我们都已经决心坚持到底……但是，如果美国的援助要发挥任何作用的话，就必须从速。”两天之后，到了 5 月 21 日，丘吉尔又起草了一封信，但他有些犹豫，不知道该不该发出去。最后，他还是发出去了。他感觉，必须让罗斯福认识到即将发生的事情会带来怎样骇人的后果。他的政府可能会在战斗中落败，“但是，在任何可能的情况下，我们都绝不会同意投降。”不过：

> 如果现政府成员下台，由另外一些人出面在这片废墟上和敌人进行谈判，那么，您就不能无视这样的事实，即同德国讨价还价的唯一筹码就只有舰队了。如果美国听任这个国家受命运的摆布，那么，只要当时负责谈判的人员能为幸存下来的居民争取到最有利的条件，就没有任何人有权利指责他们。总统先生，请原谅我如此直白地坦陈这样的噩梦。显然，我不能为我的继任者负责，他们在极度的绝望和无助之下，很可能不得

不屈从于德国人的意志。

丘吉尔在结尾处写道："然而，幸好目前还没有必要去考虑这样的事情。"

幸好没有必要？也许这样的前景是有点儿无法想象，但有时候还必须要想一想无法想象的事情，而且也到了必须要思考一下这些问题的时候了。罗斯福和华盛顿其他人员对此事的认识并不全面，甚至不够充分。此时，无论是罗斯福对丘吉尔的信任还是这两人之间的友谊，都还不那么牢固。他们的想法仍有一定距离。接下来几乎一个月的时间，两人都不会再交换重要信息。

与此同时，伦敦一场危险的骚乱浮出水面。美国大使馆的一名工作人员——译电员泰勒·肯特（Tyler Kent），坚定地认为美国不应该参加世界大战。和美国一些孤立主义者以及至少部分共和党人一样，他对罗斯福的极度不喜与他的反共、亲德世界观密切相关。他从美国大使馆拿了几百份机密文件，包括丘吉尔发给罗斯福的机密信息以及罗斯福发给丘吉尔的，并把这些文件藏在他在贝克街（Baker Street）附近的家中。他把其中一些文件给了少数几个人，主要是憎恶丘吉尔、同情德国的女性，然后这些文件中就有部分到了几个英国法西斯主义者手中，甚至到了意大利特务手中。5 月 20 日，英国秘密警察闯入这名贝克街小分队队员的房间。随后他的外交豁免权被搁置，他被判入狱 7 年。（战争结束时他被释放并回到美国。）有意思的是，丘吉尔和罗斯福的通信中并没有任何违反宪法的内容。幸运的是，罗斯福的这位肯尼迪大使虽然政见和肯特相近，却决定不再管肯特，没有坚持使用他的豁免权。肯尼迪这名政客的选择是，不在 1940 年的竞选活动展开之前跟罗斯福决裂；他觉得这时候不能公开给罗斯福找麻烦，场合和时机都不对。*

5 月 23 日，丘吉尔知会战时内阁，澳大利亚和新西兰总理发来秘密急电，建议考虑到目前的严峻形势，自治领政府应分别向罗斯福总统发出呼吁，恳请他派出所有能派出的飞机，同时，他们也要向美国志愿飞行员发出呼吁。对此，丘吉尔的回复是“此刻不适合进行公开呼吁，因为可能给总统留下软弱的印象”。† 那天晚上，肯尼迪和哈利法克斯见面。肯尼迪对英格兰的前景极为悲观，喋喋不休地批判丘吉尔。他同样也给罗斯福发了消息。罗斯福想听听他的朋友威廉 · C · 布里特（William C. Bullitt）的意见，该君时任美国驻法大使。布里特暗示罗斯福（于 5 月 16 日），不但法国有可能投降，最终英国可能也难逃这样的命运，一旦发生这样的情况，英国应该把舰队转移到加拿大。

这和罗斯福的想法不谋而合。罗斯福已经开始意识到事情发展之迅速、局面之严峻。甚至在他争取前无古人的三期连任之前，他就开始考虑成立一个联合国民政府，有点儿像英国在 5 月 10 日的做法。他已经和 1936 年总统竞选时的对手——阿尔弗雷德 · 兰登（Alfred Landon）谈过这个想法，但是到目前还没有任何结果。现

* 这两页，包括从丘吉尔电文中节选的几段，均同前，75—77 页。

† CAB 65/7。丘吉尔对澳大利亚总理的回复出现在吉尔伯特（Gilbert），《丘吉尔战时文集，姊妹篇 2》中，119 页。

在是 5 月 24 日早晨，他联系了加拿大总理麦肯齐 · 金（Mackenzie King），请他派一名秘密代表来华盛顿商量一些“可能发生、不宜声张的不测事件”。电话中金被称作“基克先生”（Mr. Kick），罗斯福则被称作“罗伯茨先生”（Mr. Roberts）。金认为，美国在“试图牺牲英国保全自己”，并对罗斯福说，他应该开诚布公地对丘吉尔讲。罗斯福的想法（和要求）是，加拿大和自治领应该给丘吉尔施加压力，让他派英国舰队横穿大西洋，越快越好——也就是说，要抢在希特勒的媾和条款可能会将舰队的投降包括在内之前。罗斯福补充说，不能让丘吉尔知道是美国提出这个建议的。如此一来，罗斯福本人也开始意识到，英国有可能会提出媾和——换句话说，投降。还有，他仍不是很相信丘吉尔——目前还不。

对此，丘吉尔，以及哈利法克斯，都一无所知。

◆ ◆ ◆

英国人民也大都对他们所面临的、迫在眉睫的危险毫无察觉。这种相对的不知情体现在报纸上。这一点很重要，因为即使是在战争年代，英国媒体也享有很大的自由。当遇到机密或敏感问题时，政府并不怎么依赖强制性的国家审查制度，更多的还是靠报纸的编辑及记者们习惯性的自我审查。如果哪位历史学家希望根据英国报纸来重现这一时期的英国民意，他可以在各种小的新闻条目、声明、广告等当中找到大量有关日常生活的例证，因为当时英国报纸无论版面设计、内容还是本质特点都与战前无甚大的区别；但是，就其他渠道——比如电台——无法提供的那类新闻而言，报纸也没什么作为。我们只能零星地在报纸上发现别处看不到的、能够表达民意、反映民意走向的新闻。我们马上就要看看其中的一两条。

同时，对于法国和比利时突然发生的重大军事事件，报纸没有报道，更没有评论。在这一点上，《泰晤士报》和《每日电讯报》这样更细致、高端的“一流”报纸和其他大众化报纸并没有多大差别。5 月 24 日，《旗帜晚报》（*Evening Standard*）的社论有点不同寻常，因为该条社论流露出低沉的情绪，提醒大家做好最坏的打算：“首先，让我们不要抱任何鸵鸟心态，要准备应对敌人对这个岛屿的侵略。现在仍有一些人鄙夷这个想法。拿破仑都失败了的地方，希特勒能取得胜利吗？当然不，他们说。他们觉得英吉利海峡固若金汤，正如几周前别人告诉我们默兹河坚不可摧一样。我们还是做最坏的准备比较好。”《新闻纪事报》（*News Chronicle*）的社论比较冷静：“昨天首相就战况发表了简短声明，他说得很明白，尚未能阻止德国军队向比利时和法国北部入侵。”但是，该报同时还刊出头条新闻“法国军队到达亚眠郊区”，不幸的是，这与事实相去甚远。在同一期报纸上，著名的军事专家利德尔 · 哈特（Liddell Hart）认为，现在炮弹的火力太猛，要在英吉利海峡的港口城市“保住桥头工事”，不说不可能，也是极为困难的（好在事实证明他错了，至少在敦刻尔克问题上错了）。《每日先驱报》（*Daily Herald*）一位名叫 G. G. S. 索尔兹伯里（Salusbury）的战地记者错得则比较离谱：

“英国和法国不可战胜。法国的主要军队和英国的主要军队，都还没正式投入战斗。”《曼彻斯特卫报》(*Manchester Guardian*)赞美了法国两位“成熟的指挥官”——魏刚和贝当：他们“的同龄人多年来都是伟大的历史人物”。魏刚 73 岁了，但威尼斯总督恩里科·丹多洛（Enrico Dandolo）率军攻入君士坦丁堡的时候是 95 岁。贝当元帅 84 岁，不过格莱斯顿（Gladstone）（这位到现在仍是自由派的《曼城斯特卫报》的英雄）84 岁的时候仍担任首相职务，而且“如果［这是 M. 雷诺（Reynaud）告诉我们的］取得胜利的时候贝当将军仍在任职，他就将超过格莱斯顿创下的纪录。”但是，《曼彻斯特卫报》当天的社论写得不错：“警惕。德国军队每天都离我们更近……不是闭上眼睛就能保持士气。在这场战争中，因为拒绝相信某些事情居然会发生，我们已经损失了太多太多。”曼彻斯特的剧院公布了 5 月 24 日之后一周的节目单，这些节目单尽管算不上是爱德华风格，也仍有一点儿战前的意思：歌剧院要演出《巧克力士兵》(*The Chocolate Solider*)，欢乐剧场（Gaiety Theatre）要上演《蒙马特的欢乐》(*Gaietés de Montmartre*)。两家大的电影院则要上映《钟楼怪人》(*The Hunchback of Notre Dame*)和玛琳·黛德丽（Marlene Dietrich）主演的《碧血烟花》(*Destry Rides Again*)。《每日电讯报》中最重要的报道是 J. B. 弗斯（J. B. Firth）撰写的，他是一位历史学家，也是克伦威尔的传记作者。这篇报道的语气很像丘吉尔：“现在，时候到了，英国人应该让他们看看，我们是什么做成的，我们能飞多高……希特勒战前进行和平宣传，其直接目的就是要让恐惧蔓延……责任要求我们在国内加强团结，抵制任何不利于民族团结的言行。”他这是在给自己壮胆吗？恐怕不是。5月24日，《苏格兰人报》（*Scotsman*）的“伦敦新闻与评论”栏目这样说：“从法国传来的消息越发沉重，但并未动摇伦敦人的信心。”*

5月24日，大部分报纸上都出现了三条新闻，这也许能说明一些问题。一条是政府决定逮捕奥斯瓦德·莫斯利（Oswald Mosley）和他的妻子，以及亲德的拉姆齐上尉（Captain Ramsay）——这是位议员，同时还逮捕了其他法西斯主义者（共有一千多名）。这条消息出现在头版，得到了一致的赞同。这种狂热的爱国热情的另一佐证就不那么让人愉快了：很多人写信给编辑，报纸上甚至还刊出了一些文章，抗议德国难民出现在英国并可以自由活动（写信写文章的人可能没有意识到这些难民都是反纳粹主义者和犹太人，也可能他们并不关心这一点）。† 很多报纸都清楚地表达了对外国人的怀疑：《新闻纪事报》中有颇多读者来信对难民百般挑剔（“他们的钱从哪里来？”）。这家报纸在同一页上报道说，戴根纳姆女子风笛

---

* “上一次战争中，老维克剧院（Old Vic）一直上演莎士比亚剧目，现在这家剧院的打算还是要维持营业……半个月前，萨德勒斯（Sadlers）的威尔斯芭蕾舞团（Wells Ballet）在荷兰把乐谱、布景、服装都丢了，不得不修改剧目。该舞团在伦敦的演出季将于6月4号开始。”［5月24日，《泰晤士报》赞美理查德·陶贝尔（Richard Tauber）演唱的舒曼歌曲以及约瑟夫·温加滕（Joseph Weingarten）的贝多芬钢琴音乐会］：“结束时，观众能够感觉到，他们刚刚聆听的，是对贝多芬一部最庄严作品的严肃演绎。”《苏格兰人报》用整版（第5版）的版面来报道苏格兰教会总会的海内外传教日：“在祈祷和平、提倡为胜利而祷告时，牧师伊万·麦克林（Ewan Maclean）宣布，‘我们明天就将获得和平——德意志式和平’。”

† 《每日文章》（*Daily Article*）5月24日的头条新闻是关于第五纵队（译者注：源于西班牙内战，后来第五纵队成为帝国主义与其他国家中收买的叛徒和派入的间谍的通称）的：“大后方行动一直非常迅速。英国的第五纵队开始摇摇欲坠。昨天当局开始出手。至少每个人都清楚了内部腐败有多危险。荷兰五天就陷落了，就因为谁都没法相信自己的邻居。”（这并不是荷兰陷落的原因。）

队申请“允许成立步枪自卫队”。

报纸上还出现了一个引人关注的信号——这个信号之所以受到关注，主要是因为其产生的长远影响，那就是对与苏联关系的关注：是一种焦急的茫然四顾，寻找最后的盟友。这与政府的打算基本上是一致的——不管是哈利法克斯还是丘吉尔都希望加强关系，早在5月18号，斯塔福德·克里普斯爵士（Sir Stafford Cripps）就再次接受任务前往莫斯科。5月24日，《新闻纪事报》引用R. A. 巴特勒的话：“我们正在采取紧急措施，加强与苏联的关系。”《曼彻斯特卫报》则说“我们在伦敦的通讯员”对萧伯纳（G. B. Shaw）进行了电话采访，他赞美了斯大林，也表扬了英国苦战到底的决心。“和斯大林达成默契非常重要。”这一默契短时间内还没法达成，虽然英国并不缺少诚意。1941年6月22日，希特勒侵略苏联，这使英国和苏联成了事实上的盟友，英国掀起了一阵亲苏浪潮。当然，部分原因是这让英国人感到一种解脱，战争进程发展到一个新阶段，德军在英国的炮火也开始减轻。但是，这样的倾向，包括对苏联所抱的幻想，早在1940年5月就有了先兆，而且不仅仅是左翼知识分子和英国劳工阶层这么想。

和以往一样，“民意调查”的报告所记录下的反应和表现，比报纸上呈现的要更复杂。5月24日“今日士气”的提要没显示出太多变化，“虽然可能焦虑略增，乐观稍减。人们普遍认识到了形势的严重，但是，对于这可能不仅仅是暂时的挫败，而可能会导致对本土的侵略，仍然所知极为有限”（原文如此）。总体感觉是情绪有了不安的波动：“把太多的希望寄托在每天发生的那些小事上，因为关于阿拉斯的一条头条新闻就高兴得长舒一口气，又因为布洛涅的坏消息而陷入短时的忧虑，这对人们的神经肯定没好处。”“今天的一个新特点是对法国的批评大大增多，有些批评还非常激烈。”* “所有这些评论尤其适用于上流社会和中产阶级，以及女性。”当时，同一篇报道中还有一段中年工会会员之间的对话：“你知不知道，我们的女会员到处为主妇联盟（Housewives Union）拉选票，其中有些人，特别是她们交谈过的那些年轻主妇，已经差不多要欢迎希特勒来到这里了。她们说情况不可能变得更糟，这样她们至少还可以让自己的丈夫回来。”“这也对……她们说情况不可能更糟，所以这就是打仗的好处？我看得出来，如果士气像现在这样急剧下跌的话，不管他什么时候来，都不会遭到太多的抵抗。”†

但这种想法并不典型。更典型的民意是大家一致赞同逮捕莫斯利。也许还有“内拉”（Nella）的话，她是博尔顿的民意调查记者，战争期间写了大约 200 万字，40 年后出了书。5 月 11 日，内拉写道：“如果我必须和一个男人共度一生，我会选张伯伦；但是，如果出现暴风雨，而我遇上海难，我想我宁肯要丘吉尔。”‡ 有趣的是，无论是民意调查还是信息部的报告和日记，都完全没有关于哈利法克斯的评价。人们对他并不关心，甚至并不了解。5 月 11 日有一篇报道中提到，有个人这么说：“哈利法克斯希望被任命为坎特伯雷大主教，他并不想进入内阁”。

---

* FR 134。典型评论：“法国有什么用？如果说他们有一支军队的话，他们让军队干了些什么？”

† FR 134，5 月 24 日，第 3 页，iii。

‡ 《内拉的最后一战》（*Nella's Last War*）。

第三章

5 月 25 日，星期六

Chapter Three

Saturday, 25 May

英式周末。——法国人：魏刚和贝当。——哈利法克斯和意大利大使。——丘吉尔和国防委员。——“沮丧情绪明显上升。”

1940年5月，欧洲大部分地区以及英格兰的天气都非常好——阳光持续普照大地，海上正是最为风平浪静的时候（一旦从敦刻尔克返回多佛的海上运输开始，这样的天气对英国人来说简直是一种恩典）。参战国家中，到目前为止，还没有哪个重要的首都城市枪林弹雨。伦敦的日常生活依旧，柏林和巴黎的生活也依旧，当然，和巴黎及柏林不同的是，伦敦一些主要政府建筑的门前，用沙袋堆起了小型路障，并配备了持枪的岗哨。但是，因为英国人过周末的习惯，这个城市仍有一种伦敦的周六所特有的安宁。伊夫林·沃的战时日记中，在5月25日星期六这一天有一段花边文字："今天早晨，正当营部决定因训练效率太低，我们要分成几个小队的时候，之前吹嘘说我们能守住布洛涅的那位准将向上边报告，说我们已经完成训练，可以执行作战任务了。分队训练仍将继续。负责的少校推掉了所有责任，让我负责士官分队……周六中午，我和劳拉出发去阿尔顿的天鹅旅馆，打算过一个田园风光的周末。这是个迷人的小镇，不但没有军人，还有很多正值入伍年龄、风度翩翩的年轻人。旅馆到处摆着观叶植物，还有笨重而又样式繁复的家具。我们去了教堂，读了 P · G · 伍德豪斯（P. G. Wodehouse）（他曾沿着英吉利海峡的这些港口迷了路）的讲话*，看戴着巴拿马草帽的老人滚木球，完全忘掉了战争。”†

5 月 25 日《苏格兰人报》的“伦敦新闻与评论”栏目是这样报道的：“在这些焦虑不安的日子里，伦敦的生活仍在继续，从表象来看，一切都很正常。至少，表面上看不出什么迹象，并没有出现类似上一年 9 月初那样的不安，当时战争尚未成为现实，不安情绪已经到处弥漫。”伦敦西区的商业街还“远没到人去街空的地步”。报纸上登载着长长的、各种各样的演出信息。‡《每日邮报》和《每日快报》都用半版的篇幅刊登英格兰南部海岸各地的度假广告。§《曼彻斯特卫报》则刊出一条去巴黎度假的广告：“住在巴黎，靠近歌剧院和林荫大道。大使酒店，奥斯曼大道 16 号，房间（有自来水和独立卫生间）55 法郎起。盟军成员有特殊优惠。”

尽管提到了盟军，这条广告，以及报纸上的其他广告，还是带

* 当德国人过来的时候，P. G. 伍德豪斯和妻子在勒图凯（Le Touquet）。德国人对他们（他们对其他英国人也一样）还挺客气。伍德豪斯对德国人的表现挺满意，在他们的劝说下，在德国电台用英语发表了一篇讲话。他的广播讲话略带幽默，情绪也很温和。今天再读这篇讲话，我们会发现，其中很少、甚至几乎没有提出任何异议，当然，如果说这是因为伍德豪斯的天真烂漫，就未免把事情想的太简单了。随后他在英国遭到猛烈攻击，有些人指责他变节叛国。这是恶意的夸张。巴黎解放以后，马尔科姆 · 马格里奇（Malcolm Muggeridge）、乔治 · 奥威尔（George Orwell），还有其他人，包括沃，都曾竭力为伍氏恢复名誉。最后，伍德豪斯的名誉得到了恢复，但他前往美国之后，就再也没有回过英格兰。

† 《伊夫林 · 沃日记》（*Diaries of Evelyn Waugh*），470 页。

‡ 《每日先驱报》提到了多琳 · 波尔舍龙小姐（Miss Doreen Porcheron）：“伦敦西区歌舞团中有两个女演员试图在舞台上反对‘粗俗的裸体’，这位小姐是其中之一。”

§ 《每日邮报》，5 月 25 日：“莱德，怀特岛：只需要用 30 分钟的时间，愉快地穿过被掩护的水域，你就可以来到这个宁静无忧的度假胜地！”（一两天之后怀特岛的汽船就向多佛驶去，然后又驶向敦刻尔克。）《每日快报》，5 月 25 日：“拉姆斯盖特：一如既往地适合假日来晒太阳的地方！”沃辛：“你的战时选择！”

着些战前的口吻和味道。但是，星期六晚上，法国人聚在一起进行最高委员会的磋商时，却丝毫没有战前的意味。恰恰相反，这次磋商带着些许战后的口吻：之所以说战后，是因为法国军队的最高指挥官提议结束战争，也就是说，向希特勒投降。

◆ ◆ ◆

法国有很多人——比英格兰多很多——不想打这场仗。这样的人，政府中有，选举产生的国民议会代表中也有。他们之所以会产生这样的心态，至少有三种原因。这些原因属于不同层面，涉及的人也有不同倾向。也许我们不应该用“原因”这个词，而应该说“因素”。其中压倒性的因素就是关于上一场战争的记忆，在那场战争中，法国牺牲了 140 万人。法国现在的人口呈老龄化，与德国和意大利相比，这一点尤为突出。德国和意大利适合服兵役的人口几乎是法国的 3 倍。但是，失败主义情绪并没有在法国民众当中蔓延，即使是在 1940 年 5 月的黑色两星期之后，失败主义情绪也不是很普遍。平民表现出了一种非同寻常的安静与克制，比有些兵士强得多，尤其好过默兹河畔的第九军。当德军的袭击逼近法国的城镇与村庄时，这一切都会发生变化。到时候会掀起大规模逃离与恐慌的巨浪，但是，到 5 月为止，这样的情形还没怎么出现。

法国政界分为两派。很多人认为，法国不应该在 1939 年 9 月参战——他们没有明说，但少不了嘀嘀咕咕。和其他很多国家的情形一样，法国的意见分歧也不是右翼和左翼之间的分歧，而是两种右翼之间的分歧：部分右翼认为这场战争就是一个错误，另一些人则认为，出于传统和荣誉，法国别无选择。不知道持前一种意见的人有没有考虑过，如果法国默许德国（及意大利）统治整个欧洲，也许只有欧洲大陆西部边缘的几个民主国家能免于受制，而这就将使法国沦入与比利时和荷兰相同的境地，陷入一种怯懦的中立，再也无力亦无心反抗希特勒或墨索里尼提出的几乎所有要求？即使是在将近60年后的今天，我们也没法回答这个问题，因为这些反战的政客们从来没有问过自己这个问题。对他们中的很多人来说，他们的动机不但有政治的一面，更有意识形态的成分。他们认为，向墨索里尼寻求和解，比成为英国的附庸对法国更为有利。这些倾向、想法、情绪的公分母是仇英心理，而不是亲法西斯主义，但是，很多情况下，仇英心理中也含有意识形态的成分。他们坚信，英国人不但虚伪、自私，而且他们的体系和世界观都太过陈腐，可能没什么用处，墨索里尼的新政权则不然，噢，当然，还有希特勒的新政权。

黑色两星期中所发生的种种让这样的想法活跃起来。持这一观点的人不会抱怨法国有些军人表现太糟糕，而是会责备英国人。他们的逻辑是这样的：英国人以及巴黎那些亲英派的政客把法国拉入了这场战争，此后英国只派了几个师和几个飞行中队到法国，现在他们又要向英吉利海峡的港口撤退，完全抛弃了法国人。他们还不诚实，不告诉法国人他们在干些什么。有些法国人会得出这样的结论，也有他们的道理。我们已经看到，5月25日之前的那几天，英国人，包括丘吉尔在内，确实在考虑向港口撤退，并考虑撤回到英格兰。前一天晚上，雷诺给丘吉尔发报，说英国军队“不再遵循魏刚将军的计划，已经向英吉利海峡港口撤退。”丘吉尔回电说：“我们有充足的理由相信，戈特仍在继续向南部移动。”情况并不是这样的。英军有两个师正在从阿拉斯撤退。丘吉尔知道，“魏刚的计划”，即法英联合反击，几乎无济于事。“就我们所知，英国远征军的任何调遣都不能成为你们放弃顶着巨大压力、挥师北上横渡索姆河的理由，我们可以肯定，北上会有进展。”* 大也好，小也罢，这样的压力根本就不存在，而丘吉尔肯定也已经知道，北上不会再有任何进展。11:30，战时内阁召开了会议。丘吉尔向他的同僚讲了他和雷诺交换的信息，并加了一句：“毫无疑问，戈特勋爵是由于其所处位置而不得不采取这样的行动。但是，他应该立即知会我们他所采取的行动，而法国方面也确实有理由抱怨。但现在不是反唇相讥的时候。”†

魏刚将军和贝当元帅则觉得，反唇相讥的时候已经到了——然后，他们的控诉来了。魏刚是刚刚被任命的总司令，贝当则是第一次世界大战中的民族英雄，三天前，雷诺刚刚任命他为自己的副总理。这两位不相信英国人，而且，他们从一开始就反对成立英法联盟。他们曾多次表露这样的想法，特别是贝当，他很清楚，有人坚定地支持他。1935 年以后，皮埃尔 · 拉瓦尔（Pierre Laval）就成了一名坚定的反英分子。驻巴黎的意大利外交官是这样向罗马报告前

* CA 20/14；亦见吉尔伯特，《姊妹篇》，140 页。
† CAB 65/7。

一天拉瓦尔对他说的话的：“拉瓦尔认为，与罗马建立联系一事比以往更重要、更紧急。”“这是唯一能与希特勒交流的方式。目前的政府是不会这么做的。必须要建立一个贝当－拉瓦尔政府。”*

5月25日晚上7点，最高委员会，即战时委员会（Comité de Guerre）在巴黎召开大会。出席会议的有共和国总统阿尔贝·勒布伦（Albert Lebrun）、总理雷诺、贝当、魏刚，还有另外两位部长，另外两位将军，以及战时委员会秘书，他是贝当的追随者。魏刚开始发言，他讲得比较长。他说，当前的军事形势非常棘手，毫无希望。“我们不得不以一敌三。”“我们会被碾成齑粉。”然后，剩下的，就是“军队里的每一分子都必须战至力竭，来捍卫国家的荣誉”。魏刚总结说：“必须具备的物资和军事主张，法国都没有，这种情况下贸然卷入这场战争，犯了巨大的错误。（法国）很可能要为这一愚蠢的轻率举动付出高昂的代价。”

接下来发言的是法兰西共和国的总统勒布伦：“我们承诺，不能单独签署和平协议。”（3月时法国和英国政府曾互相承诺过。）“但是，如果德国给我们的条件相对优惠，我们则必须仔细审核这些条款，并保持头脑冷静。”†魏刚同意了。雷诺插话说：“如果德国提议与我们进行和平谈判，无论如何，法国必须知会英国……我们

---

* 焦贝（Giobbe）（巴黎），见《意大利外交文件》（*Documenti diplomantici italiani*），1939—1943，系列9，卷4，439页。

† 实际上，5月19日，去往法国的瑞典部长诺灵（Nordling）把戈林间接送出的信息带给了雷诺。（诺丁5月10日的时候在斯德哥尔摩，15日他在柏林遇上戈林，17日到达巴黎。）5月26日，戈林与另一个瑞典人达勒鲁斯（Dahlerus）见面，后者热切鼓吹英德和解；但是，当时，他们只就挪威北部和纳尔维克（Narvik）的未来进行了交流。

有过正式的承诺，必须得这么做。”这时贝当发言了：“我很怀疑，我们与英国之间是否确实有过真正意义上的彼此承诺……实际上，他们只给了我们两个师，而法国军队还有八个师仍在作战。”雷诺考虑了一下，说：“和英国交换一下意见还是应该的，我们不妨问问他们，为了防止意大利加入战团，他们是否愿意做出一些重大的牺牲。”海军部长坎平基（Campinchi）勇敢地反驳道：“我们不能拿法兰西的忠诚去冒险；如果没有英格兰的事先同意，法国一定不能签署任何和平条约。（我）不完全同意贝当元帅就两个国家的军事贡献进行的比较……如果本国政府对英格兰做出过承诺，也许另一国政府会觉得，倘不能先同英格兰方面达成协议，也没有太大必要与本国政府签署媾和条约。”但是，“运气不好是一回事，不能信守承诺完全是另一回事。当务之急是要与英国人进行沟通”。

坎平基和魏刚还进行了另一场言语的交锋。于是，雷诺宣布，他第二天将去伦敦，“跟英国人把情况解释清楚：一比四的兵力投入很不公平；但是，法国政府***仍准备继续战斗，哪怕只是为了自身荣誉而战***。”他会问问英国人，如果巴黎陷落，接下来会发生什么样的情况。他们也许会回答：“你们签署了协议，就必须履行责任；即使前途无望，你们也必须战斗下去。”但最后拍板的是魏刚。法国的武装力量尽数毁灭、奋战到底的结果就是为了捍卫他们的荣誉？“我们必须要保住政权机构。如果最后一支有组织的力量即军队也毁掉的话，会带来什么样的麻烦？”“英国人必须就这些问题发表看法。”*雷诺同意了。整个会议进行了两个半小时。

就在法方领袖们在巴黎召开这场重要会议（对这次会议的主要内容，英国人尚蒙在鼓里）之前几个小时，哈利法克斯勋爵也做出了他的努力。他请意大利大使朱塞佩·巴斯蒂亚尼尼（Giuseppe Bastianini）当天下午见他一面。这有点儿奇怪，因为这发生在周末，而当时英国的很多人，包括外国大使们和哈利法克斯本人，都还保持着过周末的习惯。哈勋爵和巴大使交流的语气，包括哈勋爵谨慎、克制的语言，当然有别于法国战时委员会压抑、焦虑的氛围下魏刚和贝当的措辞。不过他们的目的却没有太大区别：都是要阻止意大利卷入这场战争，如果必要的话，让步也是可以的——而且，哈利法克斯在交谈中还暗示，对于提出“欧洲整体解决方案”，墨索里尼可以起到一些作用。

此刻，我们必须要考虑一下，20 世纪 30 年代意大利在欧洲列强，甚至在世界列强中的重要地位。当我们现在回过头去看时，还是不免对意大利的重要性感到惊讶。墨索里尼还是很有影响力的：1935—1936 年间，他决定让意大利退出一个可能反对德国的联盟，转而站在德国一边，此举对欧洲势力平衡的影响，超过当时（1934—1935 年间）斯大林领导下的苏联承诺与法国建立军事联盟并由此加入反对希特勒的阵营。随着意大利先后占领了阿比西尼亚和阿尔巴尼亚，俾斯麦（Bismarck）对意大利的尖刻评价已经被忘

* 这些细节在弗朗索瓦·德尔普拉（François Delpla）的《杜芒将军秘密文件》（*Les Papiers secrets du général Doumenc*）中均有重现，附录 6：“1940 年 5 月 25 日星期六的战时委员会”，504—509 页。

得差不多了。他的大意是，意大利胃口不小，但牙齿不好。除此之外，人们对意大利的印象就是墨索里尼一直都还是起了作用的，是他说服希特勒，才有了 1938 年 9 月的慕尼黑会议，让全世界在战争的深渊面前又退后了一步。法国国内对墨索里尼的崇拜有非常明确的意识形态的成分；英国则没那么明显。但是，正是因为张伯伦固执地想拍墨索里尼的马屁，才促使安东尼·艾登辞职，由哈利法克斯担任外交大臣，当时是 1938 年的 2 月（丘吉尔的不眠之夜）。此前意大利特务就和张伯伦的一些同伙（包括约瑟夫·鲍尔爵士，这人就是个轻量级的霍雷斯·威尔森）联合起来搞了一些阴谋，包括窃听电话。1939 年 1 月，张伯伦和哈利法克斯访问罗马，没有什么收获。1939 年 5 月，意大利与德国签署“钢铁协议”（Steel Pact）。1939 年 9 月，墨索里尼决定“不交战”，这意味着意大利暂时还不会加入战团，让伦敦和巴黎都长舒了一口气。但是，随后墨索里尼开始越来越无条件地和希特勒站在一起。直到 1940 年 4 月，哈利法克斯还觉得墨索里尼可能不会这么做。* 但是，英国人越来越没有理由怀疑意大利会参战——恐怕他们很快就要加入战团了。

随后就传来德军胜利挺进法国北部的消息。5 月 16 日，丘吉尔给墨索里尼写了一封很动人的信：“请你相信，我之所以发出这样庄严的、将会载入史册的呼吁，并不是出于软弱或恐惧。千百年来，凌驾于种种其他诉求之上的，是这样一种呼声：拉丁文明和基督教

---

* 1940 年 4 月 6 日：“我仍坚持我的看法，（墨索里尼）只是叫唤几声而已，不会真咬人的。”（《哈利法克斯文集》，A. 7. 8. 3）哈利法克斯错了。

文明的共同继承者一定不能陷入你死我活的斗争中。”两天之后，墨索里尼回了信：“如果贵国政府向德国宣战是为了履行你们签署的协议，那么，你就应该明白，对于意德条约中的承诺，我们也负有同样的责任、保有同样的尊重，无论发生任何事情，意大利今天和未来的政策都会以这样的责任和尊重为指导。”丘吉尔：“回信很冷淡，但至少有一个优点，够坦率。”*

意大利大使并不知道首相和墨索里尼先生之间的通信往来。巴斯蒂亚尼尼虽然属于早期法西斯主义者，但他既不反英，也不是坚定的亲德派。很难确定，他和哈利法克斯的会谈到底是他发起的，还是哈氏发起的：很可能是哈氏。†5 月 20 日前后，巴大使已经见过菲利莫尔勋爵（Lord Phillimore），菲勋爵把他们的谈话汇报给了巴特勒，后者大感兴趣：“即使是现在，希特勒也会听（墨索里尼）的，而且只听他的。”‡哈利法克斯并没有把这一切告知丘吉尔，但是，谨慎起见，他还是在 5 月 25 日知会战时内阁，“受第三方邀请，罗伯特·范西塔特爵士（Sir Robert Vansittart）与意大利使馆的一位官员进行了会晤。”这个人［名叫帕瑞希（Paresci）］说：“如果陛下的政府愿意接触一下意大利政府并探讨友好解决方案的可能，就不用担心会遭到断然拒绝。”哈利法克斯的步子迈得很谨慎。“经与首相商议，授权外交大臣跟进此事。”范西塔特将和那个意大利人

---

* 丘吉尔，《最光辉的时刻》，122 页。

† 也许值得一提的是，在巴斯蒂亚尼尼的自传体散文集《人、物、事：大使回忆录》（*Uomini, cose, fatti: Memorie d'un ambasciatore*）中，并没有提及哈利法克斯和 1940 年 5 月。

‡ 罗伯茨，《神圣的狐狸》，212 页。

再次见面。“很可能这一切都不会有任何结果。但是，哪怕只能争取到一点儿时间，那也是非常宝贵的成就。”丘吉尔说他不反对这次见面，但警告“务必不能引起公众注意，因为那就相当于承认自身的软弱”。*

那天下午哈利法克斯会见了巴斯蒂亚尼尼。他相当详细地汇报了他们的谈话：“千真万确，我们打算以合适的形式来探讨一下政治问题……在这样的讨论中，我们希望明确我们的想法：在媾和会议上，意大利自然应该在交战国身边取得合理的一席之地……只有当我们明了，我们的方案会得到应得的考虑，我们才会将此事进行下去，进行更为详细的讨论……（这）或许可以帮助打开解决其他问题的思路，只要我们在面对这些问题时，可以一直以最坦诚的态度来承认双方的权利和需要。”巴斯蒂亚尼尼回复说他当然会尽快将哈利法克斯所言转达给意大利政府，但他又补充道，墨索里尼一贯的观点是“解决意大利和任何其他国家之间的问题，都应该是解决欧洲整体问题的一部分”。巴斯蒂亚尼尼问哈利法克斯，“他能不能跟意大利政府说，英王陛下政府认为，现在正是在欧洲问题的大框架下处理我们两国所讨论之问题的大好时机”。†

哈利法克斯说他“一直认为，如果要本着解决欧洲问题、建立和平欧洲的目的来讨论问题，任何引起意大利焦虑的事情当然都必

---

* CAB 65 / 7。WM138（40）。哈利法克斯提出范西塔特（谁也不能说他倾向绥靖政策），而不是让巴特勒去跟意大利人见面，可能有他的道理。

† 他真这么说了吗？直到 24 小时之后，关于巴哈会谈的巴氏版本（见下文）才通过电报的方式发给罗马（罗马方面于 5 月 27 日早晨 5:20 收到电报）。即使考虑到当时是周末，考虑到电文加密所需要的时间，这也显得非常慢。在电文的空白处有墨索里尼的签字：已读。

须作为欧洲整体问题的一部分来进行讨论。”现在巴斯蒂亚尼尼稍微有些松动了。“他想知道，国王陛下政府是否觉得可能就不只涉及英国和意大利，还涉及其他国家的整体问题进行讨论。”当然，他指的是德国。“我（哈利法克斯）说现在战争仍在继续，很难想象进行如此广泛的讨论”，这时大使回答说，“这样的讨论一旦开始，战争就没有任何意义了。”巴斯蒂亚尼尼说，墨索里尼希望，达成的解决方案“不仅仅是停战协议，还可以维护欧洲在本世纪的和平”。哈利法克斯说：“国王陛下政府的目的也是一样的，对于任何承诺建立安全、和平欧洲的可靠提议，我们都不会拒绝。”对于这一点，巴斯蒂亚尼尼“热情同意”：“他希望可以告诉墨索里尼先生，倘若机会允许，国王陛下政府不排除对欧洲问题进行更广泛讨论的可能。”“我告诉（巴斯蒂亚尼尼），这一点他尽管放心去做。”*

这就是哈利法克斯所记述的、他与意大利大使谈话的概要，措辞极为谨慎。巴斯蒂亚尼尼对这次谈话的记录大同小异，不过，与哈氏不同的是，他的版本中直接提到了德国。按照巴斯蒂亚尼尼的说法，哈利法克斯尤其“充分认识到了意大利与德国的特殊关系”，而且，“考虑到目前的实际情况以及意德之间的特殊关系，关于意英关系问题的讨论必须在更广泛、更持久的欧洲整体解决方案框架下进行，”† 巴斯蒂亚尼尼本人也赞同这一观点。

在其枯燥乏味的回忆录中，在他的日记中，哈利法克斯都对这

---

* CAB 66 /7 附录。这里所引的文字是哈利法克斯给英国驻罗马大使珀西·洛兰爵士（Sir Percy Loraine）的电报，212 FO 800 / 319 / 70。

† 《意大利外交文件，1939–1943》，系列 9，卷 4，462—463 页。

次重要谈话只字未提（是的，一个字都没有提到巴斯蒂亚尼尼）。也许，日记中的略过更耐人寻味些。哈氏的传记作者罗伯茨如是说："1948年9月，伊斯梅勋爵劝说丘吉尔去掉他的《战争回忆录》第二卷中的一段话，这段话讲的是巴斯蒂亚尼尼事件，是这么写的：'外交大臣表示，他愿意不辞辛苦。'丘吉尔很有气量，对这段话做了修改。"实际上，丘吉尔把整件事略过未提。"哈利法克斯并没有表示多少感激。"*

5月25日，同一天的下午，希特勒口述了一封给墨索里尼的信，与以往不同的是，这封信很长。希特勒知道，墨索里尼已经决定参战，而且很可能就在接下来的两周之内，因此我们觉得没必要对这封长信进行细致分析，但有一个问题值得一提：希特勒顺便提到了德国先头部队到达敦刻尔克之前他所下达的暂时停止前进的命令（他还补充说，西方列强的媒体都很腐败，就停战协议得出了很多错误的结论。其实不然），让墨索里尼放心，停止前进不会超过两天。的确，第二天他就解除了停止前进的命令。

丘吉尔周六的日程排得非常满，不过并没有非同寻常之处。11:30有个内阁会议。艾德礼一家会来海军部大楼用午餐。下午5:30，

---

* 罗伯茨，《神圣的狐狸》，229页；《伊斯梅文集》，CA 11 /3 / 100 /2。哈利法克斯私下里经常批评丘吉尔的《战争回忆录》。罗伯茨对哈巴对话的分析值得思考："盟军有两个针对意大利的、完全不同的计划，在接下来的三天里，这两个计划将不断混合、混淆。更糟糕的是，后来，有些政客，包括哈利法克斯，假装提到的是一个计划，实际执行的却是另一个，而且，战后他们完全否认还存在着另一个计划。第一个计划是要贿赂墨索里尼，让他置身战争之外；第二个打算则是要让墨索里尼向希特勒说项，以期在永久停火协议中获得合理条款。当然，这两个计划互相矛盾：第一个计划的目的是希望在这场战争中取得更大的胜算，而第二个计划则是要永久结束同一场战争。"（同前，213页）不过也不一定：请墨索里尼做和事佬可以同时完成两个计划，而且，当时无论是哈利法克斯还是巴斯蒂亚尼尼，都没觉得这两个计划互相矛盾。

他在唐宁街和国防委员会开会，讨论内容主要围绕佛兰德斯的形势和比利时人。*英国人不知道当天比利时国王利奥波德三世对他的三个大臣说的话："盟军已经失败……英格兰当然还会继续这场战争，但不是在欧洲大陆，而是在海上，在她的殖民地上，比利时不能参与进去。我们的角色已经演完了……我们没有理由站在盟军一边继续这场战争。"（他还说荷兰女王威廉敏娜不应继续留在英国。）†

伊斯梅将军呈交给丘吉尔一份文件，谈到德国会否干预爱尔兰，丘吉尔认为这不太可能。‡晚上 8:30，"比弗布鲁克勋爵（Lord Beaverbrook）、林德曼教授（Prof. Lindemann）、布拉肯先生（Mr Bracken）来用晚餐"。丘吉尔仍精力充沛。晚餐后不久，10 点钟的时候，在海军部大楼他的住所召开了第二次国防委员会会议。形势明摆着，现在已经没有机会让部分英国远征军与法国军队协同向南部移动。"现在几乎可以肯定，在相当长的时间里，法国军队都没有可能从索姆河南岸发起有效进攻。鉴于这一点，大家普遍表示，马上向海岸进发才是正确的做法。"（他们还不知道，戈特在当天下午 6 点的时候就已经放弃了魏刚计划，从那一刻起，每一支英国部队都在向西、向北行军，向海岸进发。）"如果我们现在决定要向港口移动，就必须搞清楚敦刻尔克的情况。据说敦刻尔克有法国的两个师，但是哪个都不可靠。"（实际并非如此。）

---

* 与此同时，哈利法克斯在和巴斯蒂亚尼尼会谈："首相希望，如果意大利人加入战团，舰队可以给他们强有力的打击。"（CAB 69/1）

† 波纳尔，《参谋长》，97 页。

‡ "我不太清楚，德国人挑起爱尔兰内战能得到什么要紧的好处"（PREM 3/ 129/ 1）。晚餐：CA 的查特维尔庄园家庭日记。

接着丘吉尔突然严正声明：“考虑到法国目前的弱势局面以及意大利进攻法国的可能性，如果德国与法国议和，他丝毫不会感到惊讶。但是，如果法国要跳出战圈，她要保证我们的军队可以离开该国而不受任何损伤，并且带走各种武器弹药，法国这片土地不能用来进攻英格兰，法国必须把这些作为条件提出来。另外，法国必须保留舰队。如果这些条款可以包括在内，他（首相）可以接受法国议和，并且，他相信，只要我们把军队从法国撤回来，我们就可以在自己的国家坚持战斗。”*

这太离奇了。对于法国高层委员会惨惨戚戚的权衡，丘吉尔一无所知，而巴黎的会议也拖延到一个小时左右之前才结束。没有任何迹象表明，他对于法国可能接受议和的推测是因为当时有人给他传递过机密或绝密的情报资料；相反，这个让人沮丧的推断似乎是他自己做出来的。同时，他的措辞也表明，对于把英国远征军从目前所处局面中解救出来，他没抱太大希望。正是因为这个原因，他当天给艾恩赛德下达的最后几道命令之一就是要告诉在加来的尼科尔森准将坚守到底：“目前，尽力保卫加来对我们的国家和军队都至为重要。”† 那天晚上，他换下了艾恩赛德，由约翰·迪尔将军（General John Dill）担任帝国总参谋长。（正式任命直到 27 日才公布。）

现在看来，几个小时之后就要到来的这个星期天将会是一个让人焦虑不安的日子，这么说毫不夸张。丘吉尔要求战时内阁早

---

* CAB 69/1，另见吉尔伯特，《姊妹篇》，148—49 页。

† CA 4 / 150。

晨 9 点就来开会。

◆ ◆ ◆

但是，关于以上种种，在报纸上能够看到的极少，这一点再次值得我们注意。* 没有任何迹象表明，这是自我审查的结果；从报社老板的私人通信和日记来看，他们私下对于法国实际上可能要退出这场战争毫不知情。

尽管如此，比起之前几天，5 月 25 日报纸的社论和评论多了几分沉重，也多了几分现实。报纸的重点第一次从法国的战斗转为英国可能遭受的侵略。《每日快报》的头条是这么写的："对这个岛屿的威胁越来越近。当英国人民焦急地盼望他们的战士从海峡对岸传来的消息的时候，他们还必须做好准备，突袭也可能发生在他们脚下的这片土地上。"《每日邮报》对丘吉尔大加赞美（他"向我们、向全世界证明，他是至高无上的领袖。他鼓舞了自己的人民以及我们的盟军"），但同时提到，"如果希特勒加强对英吉利海峡港口的控制，对这一片海岸的进攻就近在眼前"。《每日先驱报》的军事通讯员是个例外："从海上撤退——或者强行在索姆河与法国军队会合。后者看起来似乎极为可取，也更可行。"可行？到了 5

* 比如，关于意大利，报纸上就刊载了多篇关于该国如何备战的报道。《每日快报》，5 月 25 日：齐亚诺伯爵（Count Ciano）的讲话，告诉工人"他们已经准备好持枪上阵"。另一条消息：都灵的年轻法西斯党徒们接受训导："我们就要离开都灵，奔赴最后一场解放战争，这场战争将会砍断仍然捆绑着这个国家的锁链，打开直布罗陀和苏伊士的大门，让地中海再次成为我们的领海！"

月 25 日，这简直就是天方夜谭了。《新闻纪事报》承认布洛涅已经沦陷："这是个坏消息，敌人最新的声明表示，可能更糟糕的消息还在后边。"就算"最后英国远征军不得不从纳粹包围圈杀出一条血路，***暂时***（斜体是我加的）让德国人控制英吉利海峡的各个港口，我们也没必要觉得大难已经临头。德国不可能大规模侵略这个国家，除非他们战胜我们的海上力量——他们可还差得远呢"。但是空军呢？《新闻纪事报》的一张照片拍的是法国的德军战俘，另一张照片就不那么让人振奋了：英格兰南部一条公路旁，一个哨兵在站岗，用来在紧急时刻拉响警报的是一个破旧的油罐。

人们普遍对内奸感到焦虑，有些人的表现很有意思，比如一个叫 J. M. 达罗克（J. M. Darroch）的人给《泰晤士报》的编辑写信，这封信于 5 月 27 日登载出来："先生，今天早晨，我注意到，您认为时机合适，在今日事件的第五专栏发布了奥斯瓦德·莫斯利被逮捕的消息，这让我觉得很愉快、很有趣。"《每日电讯报》的一个记者钻进了"联结"（the Link）的会场，这是一个英德联合会："尚未破裂。"到会的约有 40 人。"演讲者断言，这场战争是由国际投资家发起的……德国人只是在'技术层面上'与我们为敌。"《每日镜报》："布里斯托尔的航运界比较担心，有两名德国人，母子二人，仍获准在埃文茅斯以外侨身份继续做生意。"（这母子二人是犹太难民。）和对间谍、外国人、难民的担心交织在一起的，是一如既往的乡村特色。《每日镜报》："贝列尔学院的十名本科生既没去打网球，也没去河上玩耍，而是开着纳菲尔德勋爵（Lord Nuffield）借给他们的厢式货车去了附近一家农场…… 他们在那儿开始锄草。”“妇女土地服务队”（Land Army）的两个姑娘在给编辑的信中恳求：“我们不开心的是，我们放假去伦敦的时候不好意思穿制服，因为没人知道我们是谁，我们做些什么。人们说我们看上去像没活儿干的牛仔。您能不能帮我们说两句好话？”

但是在《泰晤士报》的“阵亡士兵”名单中，出现了几位女性的名字。

当天的报纸对英国士气也有报道，这些报道所呈现的画面和民意报告有些出入，民意报告的口气要更严酷一些。5 月 25 日，信息部准备了一份冗长的机密文件：***民意：目前的危机***。* 在“士气”的标题之下：“显然，困惑与日俱增。今天，最坚定的乐观主义者（劳动阶层的男性）在谈及事情的进展时，也常表现出轻微的怀疑或疑虑。”他们当然对法国很不满：“沮丧情绪明显在上升，但是，总的来看，听天由命的占了主流，似乎人们在心理上已经准备好接受任何坏消息。自满情绪几乎（已经）消失……还有更多的报道显示，女性的士气明显比男性低迷。国王的讲话起到了一定的稳定作用，但效果不够深入。”（国王乔治六世前一天晚上向全国发表了广播讲话；很多人对他的讲话评价不错，因为大家都知道，国王有结巴的毛病。）“很多人表示，如何调动不同性别的力量，这个问题还没有得到现实的解决。”在“士气的阶层与性别差异”的标题下：“比起

---

* INF 1/264，第 8 号机密文件。

劳动阶层，上流社会更为焦虑，乐观情绪略少。劳动阶层的*疑惑*更多……中上层社会女性表现出的紧张情绪最多，劳动阶层男性紧张情绪最少……我们咨询过的一些社会服务人员认为，比起其他社会阶层，劳动阶层的女性更容易表现出恐慌。”

接下来的一页对“谣言”进行了总结，然后就是“地方观点”：“虽然人们普遍对战争的最终结果很有信心，大部分地区都对当前法国的军事形势表现出了很大困惑。与此同时，还有对即将开始的反攻的紧张与期望；除非很快出现反攻，否则对士气的影响只能是加重普遍存在的不安情绪。但是，目前，总的来看，公众显得相当平静、坚定。”布里斯托尔：“我们认为，哼哼哈哈（Haw Haw，那个英国人在德国开展的亲德广播宣传）的后果极为阴险，而BBC和政府都对这种危险估计不足，他们没有充分认识到这种宣传的影响范围之广。”伯明翰：国王的演讲（“一项壮举”）反响很好，但“在这个共同体的有些地区，有些人不那么富裕，他们也不太清楚如果我们赢不了这场战争，我们失去的将是什么，这些人中弥漫着失败主义情绪。”曼彻斯特：国王的演讲正是“我们所需要的”。雷丁：“虽然这里紧张气氛在加剧，但没有人显得恐慌，不过人们一直热切盼望的盟军的反击却迟迟没有发动，这引起很多人的担忧。越来越多的人担心会出现轰炸和伞兵——谣言继续引发恐惧。”

“非常赞同对可能存在的内奸所采取的行动……这些预防措施的力度还可以更大些。”加迪夫：“显然我们无法阻止德军前进，这可能意味着我们的军队会受到重挫，这肯定会让人感到不安，但是，无论如何，我们有信心取得最后的胜利。”

5 月 25 日，民意调查用统计数据来报道人民的士气，这有点儿不同寻常。

	男性（%）	女性（%）
不安	27	31
乐观	30	18
疑惑（不知道）	21	30

中上阶层中不安情绪所占比例（40%）高于下层社会和手工业工人样本（25%）；这两个阶层分组中乐观情绪的分布基本持平（23%—25%），下层社会和手工业者中回答“不知道”的人数更多，这两个样本的女性中回答“不知道”的也更多。民意调查每天的调查报告也会呈送信息部，且与信息部有关士气的调查基本一致：“今天人们明显变得困惑，劳动阶层男性是最坚定的乐观主义者，但今天在谈及事情的进展时，也常表现出轻微的怀疑或疑虑。有些人不能理解，为什么德国人可以像目前这样推进，而我们却没有把他们的前路切断。很多人相信，这样的战事发展是我们战略中的一部分。”

“沮丧情绪明显在上升，”调查报告在结论中这样说，“但是，总的来看，听天由命的占了主流，似乎人们在心理上已经准备好接受任何***坏消息***。很多人发现，今天他们说不出什么想法，也不知道该想些什么……整体而言，乐观主义情绪明显下滑，悲观主义更加强烈。公众意识处于混沌状态，已经准备好陷入全然的迷茫与震惊、陷入几乎无法置信的绝望的深渊。全民信念的整体结构有了轻微的动摇。”*

与上文引述的很多其他报道相比，最后的总结性陈述暗示人们的心境发生了根本性的改变，这似乎显得有些夸张。弗吉尼亚·伍尔夫（Virginia Woolf）是个孤僻寡言、自我中心的人，她很少对当时重大的政治、军事事件发表见解，只有这一次，她日记中的这两句话，可以用来总结 5 月 25 日这一天的形势和感受：“（德国人）看上去年轻、精神、有创造力。我们跟在后边，步履沉重。”†

---

* FR 138。

† 《弗吉尼亚·伍尔夫日记》（*The Diary of Virginia Woolf*），287 页、288 页：“今天的传言是，公交车上的修女付车费时伸出来的是一只男人的手。”

第四章

5 月 26 日，星期天

Chapter Four

Sunday, 26 May

焦虑不安的一天。——战时内阁的三次会议。——张伯伦、哈利法克斯、丘吉尔。——哈利法克斯和丘吉尔的分歧。——消息匮乏：“强制延迟判断、勿须惊慌。”——“威斯敏斯特教堂。”

这是个阴暗的日子，其惨淡体现在不止一个层面：下雨了，这还是多日来头一遭。

4月初的时候，就有人提出要搞一个全国祈祷日。坎特伯雷大主教觉得有些不妥，因为这容易让人产生误解。现在，他和所有教派一起，支持祈祷日的想法。国王在5月23日的广播讲话中也提到了这一点。* 报纸上也宣传了。星期六《每日快报》在头版发表了题为“让我们祈祷”的文章：“明天肯定非常重要。”星期日上午10点，国王、王后以及帝国的名流要员们到达威斯敏斯特教堂。国王和工后戴了防毒面具。荷兰女王威廉敏娜也跟着一起来了。有人喊：“荷兰万岁！”威廉敏娜屈膝为礼。教堂外排了长长的队。丘吉尔已经跟全家人讲明，他和丘吉尔夫人最多只能待上10分钟到半小时。他们确实走得很早，仪式刚进行到一半就离开了，等着他去做的事情实在太多。

这个阴沉暗淡的星期天发生的事情太多、太复杂，在对这些事

---

* 5月19日，巴黎举行了一个特别仪式。法兰西第三共和国前途莫测，该国达官显贵在巴黎圣母院凉爽的拱顶下集会。

件进行重现和分析之前，我们得梳理一下它们的顺序，做个简要的总结。我们已经知道，丘吉尔要求战时内阁在星期天早晨9点这样一个不同寻常的时刻来开会。一个小时以后就是威斯敏斯特教堂的重要仪式。与此同时，雷诺和法国代表团到达伦敦。中午的时候，哈利法克斯再次会见意大利大使。之后他与张伯伦共进午餐。丘吉尔与雷诺在海军部大楼进午餐，这顿饭吃了很长时间。下午2点，丘吉尔回到唐宁街10号参加另一个内阁会议。大约40分钟之后，他让哈利法克斯去海军部大楼会见雷诺。哈利法克斯走后大约20分钟左右，丘吉尔、张伯伦和格林伍德也跟了过来。4点刚过，雷诺就离开伦敦前往法国。战时内阁成员则留在海军部大楼，5点钟他们要在这儿再开一次内阁会议，这次会议6点半结束。8点钟的时候，丘吉尔与伊斯梅和艾登共进晚餐。

上午9点的战时内阁会议一开始，丘吉尔就讲了法国和比利时的情况。他收到了他在巴黎的私人代表爱德华·斯皮尔斯将军（General Edward Spears）的信——全部都是关于法国和法国人的坏消息。比利时国王正准备有条件投降。丘吉尔派去觐见国王的特使是罗杰·凯斯爵士（Sir Roger Keyes），他已经发来电报，大体内容是“利奥波德国王已写信给乔治六世国王，解释他在比利时军队被包围、投降已不可避免的情况下决定与比利时军队及比利时人民共存亡的原因”。

丘吉尔对上述信息进行了扼要总结：“从已知的所有迹象来看，我们很可能要面对这样的局面：法国将要垮台，我们必须尽全力将英国远征军从法国北部撤出。”

接着，丘吉尔打出了很重要的一张牌。几天前，他曾让参谋长委员会“考虑一下，如果法国跳出战团，会出现什么样的局面”。

> 如果法国无法继续作战、变为中立，而德军继续保持目前的态势，比利时军队在协助英国远征军撤退到海岸之后被迫投降；如果德国向英国提出条件，要求我们裁军并割让奥克尼群岛的海军基地等，从而使英国完全任由德国摆布，在这样的情况下，我们继续孤军同德国作战，并且可能还要同意大利作战，前景如何？能否对海军和空军寄予合理的希望，要求他们阻止敌人的猛烈入侵；现在岛屿上可以集结的兵力能否对抗万人以内的部队发起的空中袭击；可否认为，英国的持久抵抗对于征服了大半个欧洲的德国是一个很大的威胁。

参谋长委员会做出的答复从此成为头等重要的历史文献，为研究这一时期的学者所熟知。这份文件的标题是“英国在某种不测情况下的战略”，文件很长。* 文件中假设了可能发生的最糟糕的情况——到了5月25日的时候，这种情况发生的可能性越来越大：法国与德国媾和，意大利加入战团，德国控制了欧洲以及法属北部非洲，英国远征军仍在法国北部及比利时作战，已经损失殆尽。但

* CAB 66-7[W.P.（40），168页；亦见C.O.S.（40），390页。] 贝尔（Bell），《某种不测情况》（*A Certain Eventuality*），31页："这是一种委婉的说法，常用在此类文件中，代替直接提到法国的沦陷。"

是，即使是在这样的情况下，英国仍有可能坚持下去，***如果***美国对英国的支持力度越来越大，并最终加入战团；***如果***皇家空军和海军联合起来，可以继续保持对不列颠的控制，并由此“防止德国从海上大举入侵这个国家”，事实将会证明，在这一点上，他们是正确的。文件的其他内容讲的是最终能否击败德国的问题。在 5 月 25 日的时候，哪怕只是遥想一下这个问题，似乎都是不太可能的事。参谋长委员会假设德国的经济状况将会为原材料短缺所累。加上空袭和被占领国家的反抗，德国还是有可能被击败的——在未来某个时候，在美国的帮助下。参谋长委员会的这一判断可就错了。他们和战时内阁的艾德礼及格林伍德想法接近，张伯伦很大程度上也是这么想的——他们不但高估了对德国有不利影响的经济“因素”，而且大错特错。* 但这不是我们这里所关心的问题。关键是“眼前的问题……怎么熬过接下来的几个月，德军已经越过英吉利海峡，我们又没有能帮得上忙的盟友。关于这一点，参谋长委员会给出了充分的理由，认为可以抱有希望。” †

但是，我们必须考虑到，在这样一个星期天，发生了那么多重大的事件，战时内阁的成员们没有时间细细阅读这份冗长的文件。

---

* 这个假设完全错误，但当时在战时经济委员会占主导地位。该委员会的主要活动在一些官方出版物中有记载，这些出版物还比较诚实，遗憾的是比较单调乏味，比如 W. N. 梅德利科特（W. N. Medlicott）的《经济封锁》（*The Economic Blockade*）（伦敦，1953）。这本书的第一句是这样写的：“现在，人们已有共识，第二次世界大战中对封锁的期望过高。”的确，无数人怀揣着“远大前程”的抱负，至少在纸上，在伦敦经济学院的荒凉山庄（Bleak House）中是这样，新的经济部门一开始把家安在了那里……（但是，随后）张伯伦的战争策略也以他对封锁效力的信任为基础；他‘不相信敌人能再挺过一个冬天’……[但是]直到 1944 年年中，德国经济在提供战时物资方面也没有什么困难。”（卢卡斯，《最后的欧洲战争》，232—233 页）

† 贝尔，《某种不测情况》，50 页。

而且，这份机密文件的副本还没来得及传阅，哈利法克斯和丘吉尔就爆发了第一次公开的意见冲突。

哈利法克斯说“在刚刚呈现的黑暗画面中有一个亮点，那就是，关于戈特勋爵撤退行为的是是非非，终于可以得到让人满意的澄清，在这一点上不会再有任何争执。”然后，他谈到“更广泛的问题”，认为必须面对现实，现在的问题不是彻底击败德国的问题，而是要保卫大英帝国独立的问题，如果可能的话，也要保卫法国的独立。

他向战时内阁讲了前一天晚上他与意大利大使的会谈。“在这一点上，”他说，“巴斯蒂亚尼尼先生摆明了是要试探我们同意协商的可能性。大使说，墨索里尼先生的主要愿望是要保障欧洲的和平。”他（哈利法克斯）“答复说，欧洲的和平与安全同样也是我们的目标，所以我们自然会愿意考虑任何以此为目的的提议，只要我们的自由和独立能够得到保障。意大利大使已经向法方通报了这一思路。巴斯蒂亚尼尼先生要求今天上午再次会谈，他可能还会提出新的想法”。

丘吉尔说如果德国统治了欧洲，是不会有和平和安全的：“我们绝不会接受这一点。我们必须确保完全的自由和独立。他反对任何可能会损害我们的权利和力量的和谈。”

这时，张伯伦说他“觉得意大利很可能不久就会给法国发最后通牒，声称除非法国同意和谈，否则意大利将站在德国一边加入战团。这会让法国承受非常沉重的压力”。接下来是关于意大利的一些混乱不清的讨论。艾德礼“觉得如果德国作为欧洲统治力量出现，墨索里尼会非常不安。”（实际并非如此。）艾德礼补充说，他还没有读到参谋长委员会“关于法国沦陷后我们继续坚持的前景”的文件。哈利法克斯模棱两可地回应了一句。他指出，如果法国打算妥协，“如果他们向希特勒表明，他们坚决不能单独媾和，那么他们可就拿到了一张好牌。”（为什么？）“他们可能以此为有力手段来获取优惠条款，如果希特勒的目的是要破坏我们之间的联盟的话，这对我们会有很大价值。”

这时候参谋长委员又向内阁成员呈交了另一份文件的副本，是关于英国孤军继续奋战的前景的。“起草这份文件，只是要为阻止法国投降找到一些理由，也是为了坚定他们继续作战的意志。”* 张伯伦认为意大利非常重要。“有没有可能问一下法国，能否花钱买通意大利？这样至少还可以维持下去。”丘吉尔“同意这一点值得考虑”。然后，哈利法克斯说，读了参谋长委员会的文件之后，他认为，“我们是否有能力孤军继续对抗德国的问题，很大程度上取决于我们能否建立并保持对德国的空中优势”。

会议过程中空军参谋长一直都在场，他说问题不是“我们要取得对德军的空中优势，而是要防止德国取得这样的优势，因为一旦有了空中优势，他们就会侵略这个国家”。大家就此进行了一番讨论，哈利法克斯提出，一旦法国沦陷，德军将“不再需要大量陆

* C.O.S. 40（391），和 390 不完全一致。

军，他们可以把大量的生产能力转向空军”。他还提出，“到了最后不得已的时候，我们可以要求法国工厂停产。”张伯伦肯定是觉得这一招没什么用：“无论我们可以让法国做出此类性质的何种承诺，都没有任何价值，德国人提出的媾和条件肯定会阻止法国兑现这样的承诺。”丘吉尔表示同意。“但是，不妨认为，德国向法国提供的媾和条件肯定会极尽诱惑之能事，但会特别强调他们打架的对象不是法国，而是英国。”*

然后他要求战时内阁下午两点再次集合，此前他要和雷诺共进午餐。他们暂时休会，丘吉尔和张伯伦赶往威斯敏斯特教堂。哈利法克斯则回到外交部，巴斯蒂亚尼尼来此与他会面。卡多根也在场，他在日记里这样写：“（从巴斯蒂亚尼尼那儿）什么消息也探听不到。他就是个蠢货，而且是个胆小的蠢货。”† 随后哈利法克斯与张伯伦一起，吃了个简单的午餐。

丘吉尔和雷诺在海军部大楼的午餐却吃了很长时间。雷诺无奈地向丘吉尔人致陈述了目前法国近乎无望的军事形势，和前一天晚上魏刚与贝当在高层磋商中所坚持的看法基本一致。丘吉尔说英国会独自前行。“我们情愿在战斗中落败，也不想沦为德国的奴隶。”双方的交谈不失友好——雷诺是亲英派，他对丘吉尔很是尊敬景仰，但是，双方都明白，这场谈话背后隐含的是两国政府的分歧。当

---

* CAB 65 / 13 WM 139。

† 卡多根，《日记》（*Diaries*），290 页。（星期六深夜，格拉德温·杰布会见了帕瑞希），说巴斯蒂亚尼尼“胆小”，是因为他害怕墨索里尼，后者已经指示在伦敦、巴黎和华盛顿的大使不得进行任何实质性的会谈。他和哈利法克斯在星期天的短暂谈话没有留下记录，只是他前一天晚上起草的有关两人会谈的报告中包括了这次谈话——可能这也是他的会谈纪要较迟送往罗马的原因。

然，法国的感受比英国更强烈。雷诺“暗示他本人是不愿意签署任何强加给法国的媾和条件的，但是，他有可能被迫辞职，或者，他可能会觉得自己应该辞职”——这样的局面最后确实出现了，在这个星期天过去三周以后。丘吉尔了解魏刚和贝当，不过此时他还没有意识到前者的失败主义情绪。他也没有意识到法国代表团的另外一位成员觉察到了——或者是假装觉察到了——什么。维里卢姆上校（Colonel Villelume）是雷诺的首席军事助手。那天晚上，他在日记中写道：“哈利法克斯……表现出了他的理解；丘吉尔仍习惯性地夸夸其谈，完全是一副拒绝的态度。”*

下午 2 点，战时内阁继续开会。丘吉尔的发言较长，他细致地讲了雷诺对他说了些什么，他又是怎么跟雷诺说的。随后，他建议哈克法利斯去见一下雷诺，后者仍在海军部大楼；几分钟之后，他、张伯伦和艾德礼也会过去。哈克法利斯将和雷诺谈一谈买通墨索里尼的可能。丘吉尔是不是想避开哈利法克斯，因为哈氏很可能在战时内阁其他成员面前陈述自己的观点？我们无从得知。哈利法克斯也没有马上就走。“接着大家就是否应该疏通意大利方面进行了进一步的短暂讨论。”哈利法克斯“中意这个思路，他认为墨索里尼先生最不愿意见到的就是希特勒先生统治欧洲。

---

* 维里卢姆，《战败者日记》（*Journal d'une défaite*），356 页。外交部秘书长阿莱克希斯·雷杰（Alexis Léger）倾向丘吉尔。这本来无关紧要，但不知怎么，绥靖派主要人物霍雷斯·威尔森得知了此事。两周前丘吉尔刚把他从唐宁街赶出去，于是他写道，“雷杰强烈反对德国，并且同样强烈地反对意大利，无论是希特勒还是墨索里尼都曾多次提出恢复某种程度的邦交，而我们未能抓住这样的机会，对此，雷杰需要负大部分责任。”1941 年 10 月，当丘吉尔面对另一场可能发生的沦陷，即苏联军队的沦陷时，威尔森的话引起了丘吉尔的注意。《霍雷斯·威尔森文集》，CAB 127 / 158。

如果可能，他应该急于劝说希特勒先生采取更合理的态度。”丘吉尔“怀疑疏通意大利能不能有什么效果，但是他说这件事也是战时内阁必须要考虑的。”

哈利法克斯和丘吉尔的公开分歧现在已经非常明显。哈利法克斯现在已经不满足于陈述他自己的观点，他还希望丘吉尔能做出保证：“我们必须面对现实，现在的问题不是彻底击败德国的问题，而是要保卫大英帝国独立的问题……我们自然会愿意考虑任何以此为目的的提议，只要我们的自由和独立能够得到保障……如果他（丘吉尔）确信对国家独立至关重要的问题不受影响”，他是否“愿意讨论一下这些条款”？

丘吉尔很清楚，在这个节骨眼上，他不能直截了当地说不。他说，“如果这些条款能让我们摆脱目前的困境，我将感到欣慰，只要我们能够保住生死攸关的关键力量和基础要素，***即使牺牲一些领土也在所不惜***”——这可真是破例松了口（斜体是我加的）。接着他又补充说，他认为，这样的交易不太可能发生。张伯伦没多说什么，随后他与丘吉尔和格林伍德一道出发前往海军部大楼，加入哈利法克斯和雷诺的谈话，这两位正就疏通墨索里尼的问题进行商讨。4点一过，雷诺就离开了。

这时，丘吉尔要求战时内阁成员留在海军部大楼。这一天召开的第三次战时内阁会议颇具戏剧性，会议记录的前边有两条意味深长、含糊其辞的注释：“雷诺先生离开之后，战时内阁大臣在海军部大楼召开了非正式会议。”（为什么“非正式”？）还有，可能更耐人寻味的是："这份记录中不包括讨论开始后的前十五分钟的内容，当时秘书长（爱德华·布里奇斯爵士）不在场。"*英国现代史上从来没有提出这样的保密要求的先例。然后秘书长进来，丘吉尔开始讲话。

"我们和法国的情况不同。首先，我们仍有抵抗和进攻的能力，法国没有。其次，德国很可能会给法国提供相当好的媾和条件，但不会给我们。如果法国无力自卫，她应该离开战圈，这要好过把我们也拉下水，那样的话，媾和条件可能会很让人难堪。德国一旦得逞，她会强加于我们的条件简直没有限度。从某种角度来看，他情愿法国先行离开战圈，不要等到四分五裂的时候，这样法国还可以保持一个中立强国的立场，其工厂不会被用来与我们为敌。"

艾德礼说希特勒"是按照时间限制来行事的，他必须在年底之前取得胜利"。张伯伦表示同意。（这二位都错了——可以再次归因于他们高估了经济因素的影响。）

丘吉尔说他希望法国可以再坚持几天。同时，"我们必须要小心，不能落入求助墨索里尼，请他向希特勒进言让希特勒对我们好点儿的弱势局面。我们一定不能还没正儿八经地打上几仗就陷入这样的局面。"

这时哈利法克斯说话了。他"不反对这个观点"，但是"他觉得，让法国试一试能否达成欧洲的均衡，还是值得的，也许他比首

---

* CAB 65 / 13，WM 140。

相更看重这种可能。* 他不太肯定首相的判断是否正确，也不相信希特勒先生会坚持毫无节制的条件。在这样的布局下，法国也许可以免于毁灭。”丘吉尔不同意。哈利法克斯“说他也不是很确定”。他“认为我们可以对墨索里尼先生说，如果对方提出任何会影响我们独立的条款，我们是一眼都不会看的。但是，如果墨索里尼先生如我们所预料的那样，对希特勒先生的力量感到震惊，并愿意从力量均衡的角度来看待这些问题，那么我们不妨考虑一下意大利的要求。无论如何，他觉得，试一试这条路没什么坏处。”

此刻张伯伦则在骑墙观望。他“认为，如果想让希特勒遵循墨索里尼先生提议的路线，墨索里尼就只能走独立路线。这是个非常棘手的问题，从各个角度把这个问题谈透是对的”。张伯伦觉得，雷诺没有理由买通墨索里尼：“首先，我们能得到的唯一的好处就是法国可以让目前意大利战区的十个师离开。墨索里尼先生则可以不劳而获，而且现在提出的条件只是个开始，后边还会有新的要求。”他这个判断倒是对的。但是，“另外一个疏通的办法可能是由法国去跟墨索里尼讲，他必须考虑一下欧洲的未来，包括他自己的未来。比起其他国家，意大利的处境也安然不到哪儿去。如果墨索里尼先生愿意跟我们合作来争取尚可接受的条件，那么我们也会愿意跟他讨论一下意大利的要求”。丘吉尔不是说过“如果法国认为我们挡了他们的路，妨碍他们谈成尚可接受的协议，那情况就很不

---

* “均衡”？见后文有关哈利法克斯与亚眠停战协定。

利了”。但是，张伯伦仍然同意丘吉尔的判断，即没有了法国我们的处境反而更好些，“只要我们在一些关键点上能得到保障。这个看法显然值得仔细考虑”。

丘吉尔认为，“在弄清楚我们的军队有多少人能从法国登船回家之前最好不要做任何决定。这次行动可能会是个巨大的失败。从另一方面来说，我们的队伍也可能打得很英勇，我们则可以保住相当大的一部分兵力。登船回家的行动大都要在白天进行。这是真正考验我们空中优势的时候，因为德国人会试图炸毁这些舰船”。（艾德礼“觉得在我们忙于让部队登船回国的时候，德国人也可能试图转而进攻英国”。）这是丘吉尔第一次流露出敦刻尔克即将发生的一切在他心里占了主导地位。

哈利法克斯可不是这么想的。他又回到意大利问题上。他把与巴斯蒂亚尼尼的谈话记录读了一遍。丘吉尔回答说，“对于谈话中建议的与墨索里尼先生进行接触，他的总体评价是，这意味着如果英国愿意把德国的殖民地还给它，并且在地中海地区做出一些让步，则英国有可能摆脱目前的困境。他觉得，这样的选择对英国来说根本就不可能。比如，对方提出的条件肯定会阻止英国重整军备”。哈利法克斯不太同意这个看法。丘吉尔说：“希特勒先生以为他已经占据了有利形势。我们唯一要做的，就是让他看看，他是无法征服这个国家的。如果像雷诺先生说的那样，法国无法继续作战的话，我们必须跟他们分道扬镳。同时，他并不反对在墨索里尼先生身上做些努力。”

这意味着，丘吉尔觉得，至少，他需要暂时对哈利法克斯做出***某种***让步。接下来大家就开始讨论可以给墨索里尼开出什么条件。格林伍德“认为墨索里尼先生可能会想拿下马耳他、直布罗陀和苏伊士。他敢肯定和谈会破裂，但希特勒先生会有所耳闻，而这可能会有损我们的声誉”。张伯伦基本同意这个观点。哈利法克斯“觉得这很有道理，在接触中要避免涉及具体问题”。张伯伦“认为墨索里尼先生会说他知道自己想要的是什么，但只愿意将其作为整体解决方案的一部分来交易”。事情的确如此，但现在哈利法克斯开始说到他的重点了。他认为，“如果到了讨论整体解决方案的条款时，我们发现可以拿到的条款并不需要破坏我们的独立自主，这时我们再不接受这些条款的话，我们可就太***蠢***了”。* 此时，丘吉尔发现他不能无限制地反对哈利法克斯。于是，战时内阁同意让哈利法克斯草拟一份“与意大利接触的方案”。同时，丘吉尔也取得了一点小小的胜利：内阁同意，第二天空军大臣阿奇博尔德·辛克莱（Archibald Sinclair）“作为自由党首领，将受邀出席有关此事的讨论”。辛克莱支持丘吉尔。

剩下的时间里，大家讨论了比利时和爱尔兰的问题。张伯伦问应该向自治领公开哪些信息。丘吉尔说目前不宜透露任何消息，只可以说法国已经同意英国远征军向海岸方向移动。†

---

* 斜体是我加的。亦见埃努夫（Esnouf），《英国政府的战时目标及态度》：“对于平时举止温文谈吐温和的哈利法克斯来说，这些话已经说得很重了，而且这也说明了他的感受之深以及就他所见，丘吉尔决心采取的政策有多危险。”（225 页）

† CAB 65/13 [WM 1391。

这次内阁会议持续了约一个半小时。这是一场“一惊一乍”的会议（哈利法克斯在日记中这么写的），特别是会议快结束的时候，秘书们出出进进，送来关于比利时、爱尔兰等的急件。到了会议结束的时候，哈利法克斯拿出了他的“墨索里尼先生接触方案”，这是他与雷诺见面后准备的。* 其主旨是：“如果墨索里尼先生愿意同我们合作，共同促进所有欧洲问题的解决，并保障盟国的独立与安全，为欧洲公正、长久的和平打下基础，我们出于寻求解决方案的渴望，也愿意马上开始讨论墨索里尼先生最感兴趣的问题。”（哈利法克斯有点儿不老实，暗示这样的措辞是雷诺的手笔，其实这确实是哈氏本人写的。）现在，这份方案和一份英法联合呼吁一起，在华盛顿被呈送给罗斯福总统，请求总统知会墨索里尼，法国和英国愿意考虑意大利的某些要求，“当然，前提是意大利不会加入战团与盟军对抗。”† 这份备忘上有一段附言，记录的是英国驻罗马大使珀西·洛兰爵士的意见，大意是无论是这个方案还是罗斯福总统的努力，都不会有任何帮助。但是，“雷诺先生提议的接触也不太可能会使情况更糟，而且，墨索里尼先生的头脑中肯定本来就已经有了其中列出的第一条考虑”。（备忘中的这“第一条考虑”“直白地解释了一旦德国在欧洲建立霸主地位墨索里尼先生所处的位置”。）但是，雷诺和哈利法克斯的路数还是有所不同的。雷氏的主要目的是

* CAB 66/7 [W.P. (40) 1701。

† 三天前哈利法克斯见了约瑟夫·肯尼迪，后者对英格兰的机会持完全悲观的态度，并一如既往地瞧不起丘吉尔。肯尼迪给罗斯福的信也是这么写的。

要买通墨索里尼，而哈氏则试图诱惑墨索里尼去与希特勒斡旋。*

◆ ◆ ◆

现在让我们先把哈利法克斯和丘吉尔放到一边，来看看张伯伦的情况。卡多根受召前往海军部大楼参加下午 5 点的会议。在日记中，他写道："丘吉尔似乎认为，如果法国***真的***退出，我们的情况还算好些，我们可以集中于这里的防守。不确定他的想法对不对。他反对最后向墨的呼吁，而这是雷诺想要的。这一点上他可能是对的，然而并没有解决多少问题。温·斯·丘太缥缈，太浪漫，太感情用事，太喜怒无常。老内维尔仍是最好的。"† 甭管是不是最好的，张伯伦在其手写的日记中，向我们透露了有关这一天氛围的大量信息，也提供了这关键性一天的很多细节："5 月 26 日。所有日子里最黑暗的一天……这一天是全国祈祷日。我的思想负担很重，几乎无法专注于祈祷仪式。"关于下午 5 点的内阁会议："哈利法克斯说为什么不暗示墨索里尼，如果法国和大不列颠沦陷，（墨氏）自己的独立也会受到威胁，而如果他利用自己的影响力商讨出一些条件，既不会威胁我们的独立，又可能为欧洲提供公正、持久的解决方案，

---

* G. N. 埃努夫："实际上，接触中的两个问题，一是要买通意大利，一是唆使墨索里尼与希特勒进行斡旋，虽然动机、后果均不同，但紧密相连。正因为如此，内阁对两个问题的讨论往往交织在一起，从会议记录来看，并不是总能分清楚他们指的到底是哪个提议。但是，分清这两条路线至关重要。买通意大利有利于对德作战，而意大利的斡旋则意味着战争的结束，这就是 5 月 26 日到 28 日内阁讨论的深远影响。"（《英国政府的战时目标及态度》，223 页）

† 卡多根，《日记》，290 页。

我们会尽力满足他提出的要求……首相不喜欢任何跟墨索里尼往一处凑的行动。* 难以相信希特勒会同意任何我们可能接受的条件——当然，如果我们愿意放弃马耳他、直布罗陀和一些非洲殖民地来摆脱现在的困境，他肯定会欣然接受。但是，唯一安全的办法是让希特勒相信，他无法打败我们……我支持这个观点，艾德礼几乎什么都没说，不过看起来赞成丘吉尔的想法……我们听说，希特勒曾经对墨索里尼说，他并不希望墨氏参与进来，因为他自己就能摆平法国。† 如果是这样的话，显然买通的办法行不通……但是这对我们和法国而言，真是可怕的处境。历史上最恐怖的局面。”‡

经历了漫长的人生走到这一刻的张伯伦已经病得很重了。他可能还不知道这一点；他会在一个月后诊出癌症。但是，尽管他日记中的种种悲观失望入情入理，在这特别长、特别疲惫的一天快要结束时，他握笔的手紧张不安，但却坚定而毫不颤抖——张伯伦并不软弱。他在战时内阁处于中心位置。他端坐于丘吉尔和哈利法克斯之间——无论在字面意义上还是比喻意义上均如是。如果他站在哈利法克斯这一边，丘吉尔的处境可能不但相当困难，甚至会难以维持。但是，我们必须为张伯伦洗清软弱的污名，并不仅仅是因为他

---

* 埃努夫引用了丘吉尔 5 月 26 或 27 日写下的一张便签，该便签没有签名，但笔迹是丘吉尔的，现存于 PREM 3 / I 74/4，11—13 页：意大利方面的行动可能会导致“休战协议和协商会议，条件则是我们任由希特勒摆布……这样的协商会议只会极大地削弱我们的力量，让我们无力拒绝他们德国肯定会强加过来的条件，这些条件，哪怕不会强加于整个欧洲，英国也无论如何在劫难逃”。

† 他们怎么知道的？ 1940 年以及之前几年的时间里，英国和意大利特务机关可以破译彼此的电文，也读了彼此很多电文。但是，从希特勒 5 月 25 日给墨索里尼的信中（见前文）很难推导出这样的意思。

‡ 张伯伦日记，NC A 24/ 2。

的实际地位非常关键。前文我曾经写道，他一度“骑墙观望”，在哈利法克斯和丘吉尔之间维持一种平衡，他的发言表现出他的观点相当有影响力，其中有两个因素非常重要。其一是他意识到了希特勒的本质，这个认识来得可能有点儿晚，但本质上来说意义重大：他意识到了对希特勒可以抱有什么期望，不能有什么期望。就这一点而言，张伯伦已经变得比哈利法克斯更现实，不那么愿意妥协。现在，他们两个对希特勒的看法，跟 19 个月前（慕尼黑之前）、甚至跟 8 个月前相比，几乎完全倒过来了，当时是张伯伦愿意姑且相信希特勒，而哈利法克斯就算有这样的想法，也没那么强烈；从那时候起，张伯伦已经认识到了很多东西。但是，还有另外一点，也许这个因素更重要。那就是张伯伦与丘吉尔建立起了新的关系。是的，丘吉尔依赖他，甚至在做了首相之后也如此，因为保守党中大多数人都支持张伯伦。是的，丘吉尔曾请他负责政府的重要事宜。（5 月 16 日，当丘吉尔不得不飞往巴黎时，他说：“内维尔，请看好摊儿！”）但是，二人的关系中并不仅仅包含这些。5 月的危机过后，丘吉尔给劳合·乔治（这家伙恨张伯伦）写信，信中说：“张伯伦给了我很多很多帮助。在我们的新关系中，他的善意和谦恭很让我感动。我已经同他携手，就必须表现出绝对的忠诚。”* 请注意“新关系”这个说法。这确实是个新变化——而且不仅仅是关系的改善。新关系的主要缔造者（如果这么说合适的话）是丘吉尔，他这么做

* 引自迪尔克斯（Dilks），《暮光之战》（*The Twilight War*）。

更多的是出于宽宏大量，而非老谋深算。从丘吉尔成为张伯伦内阁一员的那天开始——从战争的第一天开始，他们之间的敌对和怀疑就在逐渐消融。很快，张伯伦就对他的妻子和妹妹吐露，丘吉尔的忠诚无懈可击。5 月 10 号以后，张伯伦明白，现在他是新首相的下属了，不仅如此，其间丘吉尔也不断慷慨地向张伯伦一家示好，请他们继续在唐宁街 10 号住下去。丘吉尔的大度可能源自其性格和背景，张伯伦对此有点儿不太适应。说实话，有时候这种大度可能让他非常惊讶。对此，他不但欢迎，而且表示欣赏并做出了回应，这是张伯伦值得称道的地方；这已经超出了一位老人接受好意之后有心无力的感激。

◆ ◆ ◆

就这样，当英国面临可能是千百年来最严重的危机之时，丘吉尔不必面对来自张伯伦的反对。战时内阁之外很少有人清楚这一点。* 这并不是说现在丘吉尔和张伯伦在所有事情上看法都一致。毕竟，他们二位性格有异、眼光有别。在不列颠之外，丘吉尔展望的主要是欧洲；张伯伦看到的则可能是帝国。丘吉尔坚信，英国是无法接受德国人称霸欧洲的，并且这不仅仅是出于对大不列颠安全的考虑。张伯伦对欧洲的了解不及丘吉尔，而且，除了对英国安全的

---

* 见道尔顿，前文。丘吉尔的很多支持者怀疑，优柔寡断的人是张伯伦，而不是哈利法克斯。

影响之外，欧洲发生的一切也没让他得到什么启示。他们现在能够达成一致的是，希特勒不能信任，更确切地说，这个家伙必须被抵制；在这些性命攸关的日子里，这已经足够了。

哈利法克斯却不是这么想的。但是，在我们回过头来分析哈氏的想法之前，也许我们不妨给自己一点时间，讲讲他的性格，特别需要考虑到他和国王的关系，其中确实可能包含一定的政治考量。国王乔治六世喜欢哈利法克斯，私下给他提供了很多个人的好处。"国王和哈利法克斯都是羞怯谦逊、为人端方、忠于家庭的人，而且他们都有言语障碍，正因为如此，他们都不喜欢麦克风，都对丘吉尔热情奔放的豪言壮语怀疑颇多。他们有很多共同的优良品质，对绥靖政策和政治问题的看法也基本一致，但是，他们不属于适合在一场世界大战中领导大英帝国的那类人。幸运的是，哈利法克斯自己也明白这一点，"安德鲁·罗伯茨认为，"哈利法克斯以其睿智的判断力而著称，他把这种判断力运用得最好的一次，就是1940年5月9日拒绝出任英国首相。他的新角色是要和张伯伦一道，在战时内阁中对丘吉尔加以制衡。如果哈利法克斯知道最后新首相将会证明他们最深切的担忧都是合理的，辞掉他的最后特权握在君主手中，而'体面的一派'可以相信这位君主的行事一定符合他们的最大利益，那么哈君一定会有如释重负之感。"* 丘吉尔知道这一点。

此刻我们必须要提出这样一个问题：丘吉尔接任首相已经两

---

* 罗伯茨，《著名的丘吉尔主义者》，37页。

周，此刻，哈利法克斯的判断明智吗？他开始相信，为了英格兰的生路，不能对尝试打听媾和条件的问题避而不谈，他也相信，在这个问题上，丘吉尔错了，他华丽的言语以及其他哈利法克斯所不具备的品质使他忘乎所以。实际上，哈利法克斯认为，也许应该阻止丘吉尔一条路走到黑。但是，这些思考背后的目的，并非出于政治野心：没有任何迹象表明，如果丘吉尔遇挫或最终被撤职，哈利法克斯希望接替他的位置。促使哈利法克斯这样想的，是他的爱国主义，而非个人野心。哈君并非失败主义者，他也不是阴谋家。他***是***个老练的观察者，看事态起伏，看英国民意涨落。他属于非常典型的英国人，也就是说，他明白如何根据形势调整自己的心态，而不是试图让形势来适应自己的想法。这并不是说他是个伪君子或是个机会主义者——当然，他会习惯性地以盎格鲁–撒克逊的方式行事，但这并不是真正意义上的权谋，因为这种固有的英式虚伪的作风通常有着超越个人名誉或个人利益之上的目的。*

现在我们想问一问：哈利法克斯是个典型的英国保守党人吗？我这么问，指的并不是他在保守党内的处境，而是说，是否可以认为他是个“保守派”，此处无关党派：他是英国保守主义的样板吗？是，也不是。他是，因为他的背景、习惯、以及他的个人与社会倾向。他不是，因为他关于英国在世界中所处位置的观点与其说是托利党的，不如说更有辉格党的风格，他的理念更偏实用主

* “这也是为什么反英分子‘不讲信义的阿尔比恩’（peridious Albion）的说法不准确的原因。”（卢卡斯，《对决》，89 页）

义，不那么带有历史观，显然不是伯克式的*。他的演讲基本无人提及，在其中一篇中，我们可以发现与此相关的重要线索。这篇演讲的题目是“英国外交政策：过去、现在与将来”（*“British Foreign Policy：Past，Present and Future”*），这个题目很能说明问题，同样能说明问题的是这篇演讲的日期——1939 年 2 月 24 日，当时他早***已经***从绥靖派转为抵制第三帝国。† 在演讲的核心观点中，哈利法克斯驳斥了伯克。伯克 1792 年谈到法国大革命时曾说：“我们反对的，是武装保障的学说。”哈利法克斯说：“但是，我们恰恰不是这样的。”注意那个“恰恰”（precisely）。他引用了皮特（Pitt）的话，引用了卡斯尔雷（Castereagh）1820 年说过的话：“当欧洲的领土平衡被打破时，（英格兰）可以进行有效干预，但她是欧洲最指望不上的政府，也是最不愿意冒险对任何空想性质的问题表态的政府。”‡ 先不说虽然埃德蒙·伯克在思想上反对法国大革命，但他远说不上是空想家，哈利法克斯对英国外交政策有关原则的陈述表明，他是从常规的力量平衡的角度来考虑的。§ 而且，在一定程度上，哈利法克斯也是从力量平衡的角度来看待 1940 年 5 月的这场战争的。有意思的是，5 月 16 日，正是哈利法克斯建议丘吉尔给墨索里尼写一封私

---

* 〔译者注〕原文为 Burkean，指伯克式保守主义。埃德蒙·伯克（Edmund Burke，1729 年 1 月 12 日—1797 年 7 月 9 日），爱尔兰的政治家、作家、演说家、政治理论家、和哲学家，他曾反对英王乔治三世和英国政府，支持美国殖民地以及后来的美国革命的立场，曾经批评法国大革命。他经常被视为英美保守主义的奠基者。后文有提及。

† 文本并没有放在约克的《哈利法克斯文集》中，而是存在剑桥的丘吉尔档案馆。

‡ 也许可以认为，与其说这个说法属于卡斯尔雷主义，倒不如说它走的是乔治·坎宁路线。

§ 在这一点上，我们注意到，丘吉尔出于对欧洲权力平衡的关注，早在 1933 年就直言不讳地指出了德国武装力量的威胁及其实施侵略行为的可能，而哈利法克斯和绥靖派们即使是在很久以后，也并没有提到这一点，这很让人奇怪。

人信件。*同时，和张伯伦不同的是，他还非常想改进同斯大林领导下的苏联的关系。同一天，也是在 5 月 16 日，他向斯塔福德 · 克里普斯勋爵（Lord Stafford Cripps）咨询了有关苏联（及中国）的问题。“我非常喜欢克里普斯。”

哈利法克斯是否像丘吉尔一样熟悉拿破仑时代的历史，我们无从得知。但是，哈利法克斯在 1940 年 5 月的主张和立场，很像 1802 年福克斯派和霍兰德派辉格党人的立场，他们倾向与波拿巴王朝签订休战协议，于是就有了 1802 年的《亚眠条约》。（但是，两者还是有所不同：1802 年的福克斯派与霍兰德派辉格党人显然很尊敬拿破仑 · 波拿巴，甚至还带有一丝景仰，而哈利法克斯对希特勒可没怀有这样的情感。）哈利法克斯不明白的是，希特勒不同于 1802 年的波拿巴，如果英国主动打听媾和条件，他可能会对这样的英国很不屑。丘吉尔充分认识到了这一点。

而且，1802 年的时候，英国当时虽然没有盟国，但潜在的反法同盟国家仍是有的。1940 年的英国则不同，在法国退出之后，英国就一个盟友也没有了。哈利法克斯和丘吉尔不同，他对法国人和法国军队的评价一向不怎么高；早在 1939 年 12 月，他就曾在内阁会议上说过，如果法国退出，“我们自己是没法继续参战的”。5 月 26 日前一天晚上，他在日记中写道，法国军队沦陷，这是多么糟糕的事情，“过去两年间每个人都乐于倚靠的唯一磐石”。（至于是不

* 1940 年 4 月 6 日：“我仍坚持我的看法，（墨索里尼）只是叫唤几声而已，不会真咬人的。”（哈利法克斯文集，A. 7. 8. 3）哈利法克斯错了。

是“每个人”，不妨读读丘吉尔是怎么说的。）对于这一点，英国历史学家希拉 · 劳勒（Sheila Lawlor）在《丘吉尔和战时政局》中搞错了。她提到了 1940 年 5 月哈利法克斯与丘吉尔的“表面分歧”（到底什么才是解决法国问题最好的办法），她的结论是“出于政策和战术两方面的考虑，哈利法克斯拒绝进行和平谈判与磋商——他在 5 月支持与墨索里尼进行接触其实是不愿给法国反唇相讥的机会。他的立场和丘吉尔并没有太大不同。”* 但是，哈利法克斯和丘吉尔之间的分歧可不是表面上的。

◆ ◆ ◆

这两位先生都属于右翼，但他们却很不一样——这是实用主义者与梦想家的区别，也是辉格主义保守党人与传统主义保守派的区别。也许在英国的政治语言中，“梦想的”与“保守的”确实算不上正面的形容词，但是，在 1940 年的 5 月，在与希特勒的对峙中，无论是实用主义还是辉格主义，都没什么用。

丘吉尔和哈利法克斯之间的分歧并不止于战术层面，造成分歧的主要原因也不是他们性格上的不同。据这一时期另外一位英国学者大卫 · 雷诺兹（David Reynolds）来看，1940 年 5 月的时候，丘吉尔并没有什么计划，他只是希望，在美国的帮助下，英国可以继

* 劳勒，《丘吉尔与战时政局》，75 页，60 页。

续战斗下去。关于这一点，为哈利法克斯作传的优秀传记作家安德鲁·罗伯茨也有过暗示，至少，他有一章的标题是“丘吉尔成了米考伯”（*“Churchill as Micawber”*），这一章讲的就是这些激动人心的日子，除了这么个标题，这一章的其他内容都写得极为完美：米考伯是狄更斯作品《大卫·科波菲尔》中的一个角色，他总是希望“能发生点儿什么”。但是丘吉尔不是狄更斯笔下的角色，他也不是约翰牛的典型——无论是人品、性格，还是他对英格兰之外的世界的广泛兴趣和广博知识。在丘吉尔看来，1940 年 5 月的“欧洲整体解决方案”，甚至只要英国流露出任何促成此类提议的倾向，对英国士气都是致命的威胁。对于这一点，格林伍德和艾德礼，可能还有张伯伦，都会同意。丘吉尔和哈利法克斯不同，他坚信，这样的解决方案，无论在***何种***条件下，都不能以维护、更别提保障英国的自由与独立来平衡。在他看来，这些并不是各自独立的问题。只要英国接受德国在欧洲的霸主地位，就势必意味着让英国沦为德国的次要伙伴，甚至沦为德国的卫星国。这就是，而且一直都是，丘吉尔所有洞察的本质。

当我们回过头去看时，丘吉尔无疑是正确的，但当时人们很难对事情下这样的结论。我们必须谨记，1940 年 5 月，丘吉尔作为首相，他的位子坐得可不像这个夏天晚些时候那么稳当，他自己也很清楚这一点：毕竟，作为战时首相，他的任期很短暂。丘吉尔抓着权力不放，主要也不是出于个人的野心。这好像很难让人信服。有人会说，人类的每一种抱负，难道本质上不都是个人性质的吗？而且，我们可以用两个比喻来形容当时的丘吉尔：在爬竿取物的游戏中，他已经攀上了顶点［迪斯雷利（Disraeli）的比喻］，而他的目的却是要举起旗子。但是：丘吉尔并没有被其勃勃野心和狭窄视野所蒙蔽——希特勒却以为他已经被闪瞎了眼。丘吉尔不但认识到了自己的力量何其薄弱，也认识到了英国的处境岌岌可危。在这一天内的三次内阁会议上，他的前一个认识出现了不止一次，当时他觉得，因为他不能，所以他不该完全反对哈利法克斯的提议。但是，他也清楚，在德国力量掀起的这场风雨中，不光爬竿摇摆不定，旗子本身也很危险。如果他和英国发生决裂，就需要有别的人来撑起这面旗子。他想到了劳合·乔治。他知道，劳合·乔治钦佩希特勒；他知道希特勒也清楚这一点；他知道，劳合觉得英国根本没有可能在与第三帝国的对抗中获胜。劳合·乔治错了，他年纪太大了*，但至少他不是个空想家；希特勒对这位先生还是有一定尊重的。早在5月13日，丘吉尔就邀请劳合·乔治作为农业大臣加入内阁。劳合拒绝了；他恨张伯伦。6月，丘吉尔又两次接触劳合，并与张伯伦谈了此事。但是劳合·乔治再次拒绝，主要还是因为张伯伦的原因，而丘吉尔很清楚，他对张伯伦的忠诚必须压倒一切。在5月底这关键的几天中，劳合·乔治的名字并没有出现。但是，我不能不提此事，哪怕只是为了说明，丘吉尔确实意识到，英国已经站在了悬崖边。如果出现万一，丘吉尔想，劳合·乔治总好过某个像莫斯利那

* 1936年，劳合·乔治会见了希特勒，此后他称之为“当代最伟大的德国人”。1939年10月，劳合·乔治公开在议会中说，必须要认真考虑希特勒的媾和提议。1942年，希特勒在某次战时“席间漫谈”时评论说，丘吉尔“真正的对手是劳合·乔治，可惜后者老了20岁”。

样的家伙。

这场战争过去多年以后，有人问丘吉尔，他愿意重新回到生命中的哪一年再活一遍。“1940 年，”他说，“每一次，每一次。”是的——但又不是。这一年中有些时刻他是不会想重历的。就在这个星期天，5 月 26 日，最后一次内阁会议结束两个小时之后，丘吉尔与艾登、艾恩赛德和伊斯梅共进晚餐。他知道，他不得不放弃加来，那里最后的枪声也已经在下午早些时候归于沉寂。但是，他又必须敦促尼科尔森准将战斗到底——一切都是徒劳的。只有这一次，丘吉尔那传奇般的好胃口不见了。他几乎水米未进。整个晚餐过程中他都静静地坐着。后来，他站起来，告诉他的朋友们他觉得身体不舒服。伊斯梅勋爵记得当时的情景：“我们从桌边站起来的时候，他说：‘我觉得身体不舒服。’他在自己的回忆录里也记下了这句话，但他没提他说出这几个字的时候看上去有多难过。”* 我们知道他在想着加来，但是，他也知道，尽管那天开了三次内阁会议，在与哈利法克斯的对抗中，他并未能如愿。

---

* 《伊斯梅勋爵回忆录》（*The Memoirs of Lord Ismay*），121 页。又见卢卡斯，《对决》，95 页：“他的精神并没有垮掉，但是英国彻底垮台的前景就在他的眼前。”“在紧张的时刻，丘吉尔往往想起某些能表达他感受的引语。5 月 26 日，他让约翰·马丁（他的秘书之一）帮他查一下乔治·博罗 (George Borrow) 在直布罗陀为英国所做的祈祷中的一段祷词。[乔治·博罗是 19 世纪初英国一位奇妙而古怪的游记作家，他的经典作品是《西班牙的圣经》（*The Bible in Spain*）。] 第二天马丁把这段祷词交给丘吉尔，据他后来回忆，‘那很符合他的情绪’。这段引语是这样的：‘不要害怕结果，因为或者你死得庄严招人艳羡，或者上帝会令你的统治在水上得永生。’”（约翰·马丁爵士，写给马丁·吉尔伯特的信，1982 年 10 月 24 日，引自吉尔伯特，《最光辉的时刻》，406 页。）

◆ ◆ ◆

加来的枪声沉寂下来之后，又过了几个小时，“发电机”行动计划（Operation Dynamo），即英国远征军从敦刻尔克撤退的命令下达了。这两件事之间没有什么联系。我们知道，戈特早在几天前就已经决定从敦刻尔克撤退；海军部也已经下达命令，搜集所有能搜集到的、适合海上航行的船只，以备最后的大规模撤退之需。那天早些时候，希特勒取消了停止前进的命令，当然，真正的执行要等到几个小时之后。德军从南部缓慢推进，到目前为止几乎没有遭受向敦刻尔克撤退的法英两国军队的任何抵抗。到了第二天，德军的一些先头部队离这个小镇已不足 5 英里。这个港口很大程度上仍未受到德军炮火轰炸和飞机轰炸的困扰。在 5 月 26 日星期天的最后六七个小时中，2.8 万名英国非战斗人员离开码头撤退，向多佛驶去。这是一个预示着成功的信号，但也只是在回顾中才能意识到。超过 30 万人仍滞留在敦刻尔克附近。对于他们能否平安撤回英格兰，没有人感到乐观，包括丘吉尔在内。

在回溯历史时，我们再度感到惊讶的是，战时内阁的种种考虑，丝毫没有渗透到民众当中。在报纸上，看不到任何战时内阁出现分歧的信号，也看不到关于这场危机的严重程度的信号——星期一（5 月 27 日）的报纸上没有，随后几天也没看到。只有《每日快报》用相当的篇幅讨论了意大利加入战团的前景，即使是在这篇报道中，也只有很短的一段提到雷诺星期天到访伦敦。写给编辑的信件中没有流露出任何危机感。而且，仍没有任何证据表明，这是自我审查或自我约束的结果。英国报纸的老板们都很有影响力，但他们对战时内阁所讨论的严峻问题一无所知，这一点从他们后来的回忆中可以看得很清楚。当时英国其他有影响力的人物，包括男性和女性，他们零零散散的信件和日记也都反映了这一点。有这样一则引人发笑但值得注意的新闻：到 5 月底的时候，《泰晤士报》的广播栏目还在刊出国外用英语进行广播的时间表，包括汉堡、不来梅（还有罗马和米兰）。在致编辑杰弗里·道森（Geoffrey Dawson）的一封私人信函中，阿斯特夫人（Lady Astor）* 就此提出投诉。很快这类信息就被取缔了。直到 6 月中，《泰晤士报》还在提到“希特勒先生”和“墨索里尼先生”。）在哈罗德·尼科尔森（当时他是政府中一位次长）公开发表以及未发表的日记和书信中，没有任何迹象表明，他对哈利法克斯和丘吉尔的分歧有所耳闻。在 5 月 22 日给妻子的信中，尼科尔森已经提到，如果德军在英格兰着陆、蹂躏英国人民，他们夫妻要做好自杀的准备：“想想我们居然会落到这种地步！……总之你知道，从战争一开始，甚至在没开始之前，我就想到了战败的可能。亲爱的……这些小点代表了所有我无法说出口的话。”5 月 26 日夜，他写道：“更糟糕的是，林间仍开满野风信子，克兰布鲁学校的孩子们在放假，正光着身子在湖里撩水玩……我环顾花园，感觉也许再也见不到这个园子了。”他继续写道：“记录过

---

* 〔译者注〕阿斯特夫人（Lady Nancy Astor，1879—1964）生于美国，是英国下议院第一位女议员（1919—1945）。在议会的主要工作为禁酒、改革教育和争取妇女、儿童的福利等。

去十天的感受让人有点儿不自在。我自己的经历是这样的：(1)第一次意识到德军凭借空中优势和坦克的力量冲破了英法两军的防线并把两支军队隔开，这让我充满了绝望和恐惧。(2)然后，我得出结论，接下来要发生的就是对不列颠诸岛的侵略，特别是对肯特的侵略。(3)那么，我就将面对这样的现实：我本人会被枪毙，维塔(他太太)则会受到迫害，这是很有可能的。(4)于是我发现，我必须做好自杀的准备。还要帮助维塔这么做。但是，我发现，她很平静地接受一切，我必须承认，我自己也平静了很多，而且我感觉这样的情形其实不太可能真的出现。因此，我情绪高昂地回去（回到伦敦，当晚）……我们丝毫没有落败，但必须准备好应对最糟糕的局面。”*

尼科尔森的情绪似乎和英国人民的普遍情绪是一致的。信息部的“机密”报告（概略)“关于当前危机的民意”这样说：“种种报道显示，周末的士气比较平稳。部分原因是大家认为目前的政策有意限制新闻，这一点已被民众接受。普遍印象是有意抑制民意，而情绪则悬疑不定……通过隐瞒消息，授意公众延迟判断无须惊慌……而另一方面，媒体上又不断刊出德国方面的要求和公告的细节，造成的效果则是抵消掉隐瞒所产生的轻松和超脱。”这份报告再次把伦敦的士气与地方及乡村进行比较，外地的士气持续“明显更高”：“来自地方的报道表明，人力动员计划所取得的进展比较令人

* 第一段引自《哈罗德·尼科尔森日记与书信》(*Diaries and Letters of Harold Nicolson*)，87—88页；第二段引自贝列尔学院保存的、未公开发表的日记节选（由尼科尔森打字录入）。

满意。我们在雷丁的地方信息官员报告：‘衣领越白，心越不定。’”纽卡斯尔：“达勒姆轻步兵队的19名队员讲的故事让人大吃一惊，轻步兵队的一个营在布洛涅被歼灭，码头周围地区的伤兵等一片混乱；结果公众有些焦急、愤怒。”利兹：“我们还好，但高层人物们错了。”雷丁（南部）：“去教堂的人数量在增加。托难民故事的福，对德国的怨恨越来越多。焦急等待盟军发起反攻。牛津地区很乐观。”曼彻斯特：“工厂情绪非常好。谣言还在增加。感觉尼科尔森（原文如此）的广播力度不够。”贝尔法斯特：“德国侵犯爱尔兰的可能让人们很不安。就征兵制度产生了意见分歧：大部分人持反对意见，因为担心会出现不够忠诚的队伍。”伦敦：“悬念：人们继续自己的事情；在等待消息的过程中出现了一些听天由命的情绪……已经出现焦虑的暗流，特别是在女性当中，在她们意识到有人牺牲之后：‘我们一定会胜利，但代价是什么？’周日去做礼拜的人很多，有些人表现得感情用事……劳工阶层……定时收听9:15的哼哼哈哈广播。电影院观众很少。喜剧和音乐剧比严肃或战争题材的电影更受欢迎。新的外国人收容方案得到认可。表达了对法国的怀疑。”

这份报告中的大部分内容和民意调查报告中对星期日和星期一的士气的报道是一致的。“周末我们做了深入细致的调查，结果表明，整体士气有所上升，非常平稳，但这部分是因为公众对法国所发生的事情没有兴趣，未能感同身受。新闻的减少……可以说，给了人们一个理由，可以不用继续直面现实，过去几天中这一趋势越来越明显。尤其是今天，听天由命的情绪明显有所上涨，虽然涨幅不大，但非常重要，同时上涨的还有大众的兴趣和民意的质量……这可能会带来一些弊端，但好处肯定也是有的，可以抵消掉这些弊端——因为新闻节奏放缓，很多人日复一日大起大落的情绪以及短期的焦虑都自然而然得到了缓解……民意认为，总的来说，消息略有好转，但民意本身也不是很确定。”

◆ ◆ ◆

我们重现 1940 年 5 月 26 日这个黑暗的日子，是以讲述威斯敏斯特教堂的全国祈祷日开始的。现在，请允许我用温文的英国诗人约翰 · 贝杰曼（John Betjeman）的一首诗为这一天作结。在《威斯敏斯特教堂》（*In Westminster Abbey*）中，诗人用充满讽刺的诗句，刻画了某一阶层一个有点儿轻佻的英国妇女，时间当然不是 5 月 26 日那扣人心弦的一天，很可能要更早一些，发生在勉强战期间。

让我除下这另一只手套
　此时人声越来越响，
伊甸园美妙的土地
　在大教堂的钟声下晒着太阳。
英格兰的政客在这里埋葬
都来听听一位女士的悲唱。

仁慈的主啊，炸死这些德国人吧
　放过那些女性，看在您的份上
如果那有点不好办
　您的差错也可以原谅
但是，仁慈的主啊，不管怎样
别让炮弹落在我的胸膛。

不要让人来瓜分我们的帝国
　用您的手，引领我们的武装力量，
遥远的牙买加，黑人勇敢豪爽
　洪都拉斯和多哥兰也一样；
保护他们吧，主啊，在所有的战场，
保护白人您更是当仁不让。

想想我们的国家代表着什么
　从军靴、村路到书本的殿堂，
言论自由，通行免费，阶层分明，
　民主，还有合理的消耗和排场。
主啊，卡多根广场的 189 号
是您特别需要保护的地方。

亲爱的主啊，虽然我有罪孽

　大的错误我可没犯过一场；
现在我要来参加晚祷
　只要我的时间还有余量。
所以，主啊，请给我留一顶花冠，
我应得的部分可不能让别人去分享。

我会为您的王国付出辛劳
　帮助我们的少年名扬战场
把白羽毛送给那些懦夫
　妇女军团也可有我的一份力量
然后擦洗您宝座的台阶
永恒的安全地带给我安详。

现在我略觉好过，
　听了您的话真是让人快活
这里埋着高官的忠骨
　却屡屡被凡人打扰。
现在，亲爱的主啊，我已急不可耐
因为午餐约会在把我等待。

第五章

5 月 27 日，星期一

Chapter Five

Monday, 27 May

敦刻尔克的情况。——比利时投降。——美国方面的因素。——三次战时内阁会议与一次花园散步。——“你如果打板球可能感觉还好些。”

1940年5月底那几天里，英国的命运——更准确地说，是第二次世界大战的结果——取决于两个因素。其一就是丘吉尔和哈利法克斯之间的分歧，其二则是蜂拥至敦刻尔克的英国军队的命运。这两件事当然有联系。但似乎只有在回顾历史时才能看清这一点。丘吉尔说，哪怕英国远征军会全军覆没（“千百年来最惨痛的军事失败”），他也会打下去。开始撤退——亦即执行发电机计划的最后命令是在5月26日，也就是星期天的傍晚下达的，在差几分钟不到7点的时候。此前的几天里，戈特已经在向敦刻尔克回撤；但是，所有人都觉得，50万处于德军包围与碾压之下的英法军队，恐怕只有一小部分可以逃回英格兰。直到5月31日，行动开始超过5天之后，真正大规模撤退的希望才逐渐抬头——包括敦刻尔克城里以及周围的很多法国军队。显然，在更早些时候，还没有人能预见到这些。这一点，从海军部给海军上将伯特伦·拉姆齐爵士（Sir Bertram Ramsey）的头几道命令中应该看得出来，爵士当时负责多佛的行动：“务必尽最大努力执行‘发电机’计划，目的是要在两天之内让4.5万名远征军将士登船，两天之后，敌军行动可能会导致撤退终止。”

这些命令是由达德利·庞德爵士（Sir Dudley Pound）起草的，这位第一海务大臣出了名的谨慎；但是，我们也没有太多理由做其他的假设或推测。到头来，德军9天之后才占领敦刻尔克，而在英国上岸的英法军人的数量比庞德当时的估计多了近8倍。5月26日的时候，没有人能预见到这一点；说实话，即使是在那天之后，一段时间之内也没人能想到事情会是这样。

我们注意到，希特勒已经于5月26日解除了停止前进的命令。当天下午，德国部队开始从南部向敦刻尔克进发。第二天，即5月27日，星期一，一大早，对敦刻尔克的围攻（如果可以这么说的话）正式开始。7点一刻，海军中将萨默维尔（Somerville）的一个电话把丘吉尔叫醒。德军的枪炮已经推进到加来以北，并开始轰打驶向敦刻尔克的船只。

比炮轰船只更糟糕的是，德军的炮弹开始雨点般地投向敦刻尔克，也落到向该处撤退的部队头上。在整场敦刻尔克传奇中，从多个角度来看，5月27日都是最惨烈的一天。空域完全为德军所控制，相形之下，英国皇家空军对德军的干扰则少之又少。这里的部分原因是空军参谋长委员会决定，要最大限度地保留皇家空军的力量，以应对德军对英国的袭击。当敦刻尔克上空的英国战斗机对速度不如他们的德国轰炸机发起进攻时，他们往往能够得手，但战斗机的数量并不多——在敦刻尔克的日日夜夜里，大量英国军队直言不讳地表达了对此种情况的不满，而丘吉尔本人也不得不在敦刻尔克撤退结束之后，在6月4日的讲话中承认这一点，并对此做出解释。与敦刻尔克的轰炸袭击同样严重、甚至更为糟糕的是，德军使用俯冲轰炸机袭击沿着尘土飞扬的公路和小路向城镇、港口撤退的英法军队。港区内才刚刚开始试着组织大批部队撤离。那天有两个新情况，比较侥幸。一是英国军官 W. G. 坦南特上尉（Captain W. G. Tennant）的成就，他使敦刻尔克港的两个主要码头之一可用于登陆、装载、起锚。另一个情况则是意识到了这个小镇北部长长的沙质海滩的好处，小型船只可以靠上这个海滩。但是，总而言之，在这让人心神俱裂的 5 月 27 日，能够撤往英格兰的英国士兵不会超过 7700 名。第二天可能会有 1.8 万名，但这也不算多啊。实际上，这两天撤退的总数远远小于第一海务大臣在最初的命令中所指示的 4.5 万人的最大值。*

似乎丘吉尔本人在 5 月 26 日的时候对敦刻尔克的情况也不是十分清楚——在这漫长的一天开始时，他肯定还不清楚。在前一天晚上发给戈特的电报中，他这么说："在这情势严重的时刻，我一定要祝你成功。对于今后形势的演变，谁也无法断言。不过，无论怎样总好过陷入重围、坐以待毙……假设部队知道，他们是在开辟一条回英国老家的路，还从来没有这么能鼓舞斗志的事情。我们将让海军和空军尽一切所能来支援你。"†"一切"稍微有点儿夸张。我

* 有记录表明，5 月 26 日有 2.6 万名非战斗人员起程离开敦刻尔克：这是当代的一种猜测，不是精确数字，因为准确统计从 5 月 27 日才开始。

† 丘吉尔文件，CA 20 / 14。日期标的是 5 月 27 日，但这肯定搞错了：这封电报中仍谈到加来的战斗，结尾处说："安东尼 · 艾登现在正在我这里，他和我一起向你致意。"——这肯定指的是 5 月 26 日他们一起进餐。而且，在急电中，丘吉尔仍建议英国军队从敦刻尔克周围向南发起进攻（"趁加来还在我们手中，派一支队伍向加来发起进攻可能是个好机会"）；这既不合理，也完全没有可能。

们可以看到，在敦刻尔克上空的战斗中，英国战斗机并没有投入大规模的兵力，而且理由充分。在敦刻尔克的 7 个日夜中，海军的英勇努力对撤退起了决定性作用；但是，除了驱逐舰和其他小型船只之外，更大型的军舰以及驻地位于英国更北部地区的海军主要力量并没有投入战斗——实际上，就是在那个夏天晚些时候，德国军队越过英吉利海峡发起侵略时，这些海军力量也没有投入战斗。尽管有那么多历史先例，1940 年英吉利海峡的这一片水域并未再次目睹 1588 年与西班牙无敌舰队（Spanish Armada）作战的情形，也未曾再现 1803 年对阵波拿巴的舰队的情景：出于多种原因，在 1940 年，英国不能牺牲舰队的主体力量。

与此同时，英国远征军正在向处于德军包围之下不断收缩的大片孤地撤退，在敦刻尔克以及这片孤地上，这一天不断爆发出激烈的小型冲突，而英国军队则有条不紊地毁掉自己的交通工具、仓库、军械及其他设施。法国人不理解这是为什么。他们仍然觉得，敦刻尔克这块孤地是要守住的，不应该撤退。[而且，在普里乌将军（Generd Prioux）与莫里尼将军（General Molinié）] 的率领下，法国第一军英勇保卫里尔，一直坚持到 6 月 1 日，拖住了相当数量已经准备好向敦刻尔克进发的德国军队。

也许可以问这样一个问题——已经有几位历史学家提出这个问题，但都是在事件发生了几十年之后：为什么德军向敦刻尔克发起的陆上攻击相对迟缓？如果希特勒下令的话，直接向敦刻尔克发起强攻、猛攻，还是可能的。那也许就意味着结局的出现，也就是说，俘获整个英国远征军，甚至还不止于此。但是，这样的一场殊死决战可能会相当惨烈、血腥。希特勒脑子里或许还有一些政治方面的盘算。起决定作用的因素仍然是希特勒的倾向——他赞成戈林的观点，大意是，在敦刻尔克，戈林的德国空军，也就是说，德国的空中优势，可以解决问题。*

因此，5 月 27 日这个星期一，对于敦刻尔克和整个英国远征军来说，都是非常糟糕、甚至可能是最糟糕的一天。现在，还有另外一个因素累及英国远征军的撤退，该因素的政治后果比其军事后果更具破坏性：国王利奥波德三世已经决定，比利时要投降。丘吉尔清楚这一点。实际上，和法国人不同的是，对于比利时国王决定与其子民共存亡这一局面，丘吉尔或多或少能够理解，虽然这理解未免让人伤感。（前一天晚上，丘吉尔给戈特写信："我们在要求他们为我们牺牲自己。"）但是，比利时军队已经分崩离析。丘吉尔明白，国王决定留下，就意味着在利奥波德看来，这场战争已经落败，他会单独与德国媾和。27 日早晨，丘吉尔给他派去觐见国王的私人信使罗杰·凯斯爵士写信："国王目前的决定是在把这个国家分隔出去，交由希特勒去保护。"这是事实。"请把下列几点考虑转告国王，并向他讲清这给盟军和比利时造成的灾难性后果。"† 那天深夜，爱德华·斯皮尔斯将军从巴黎给丘吉尔打来电话，告诉他利奥波德国王已经派全权代表去见德国人，要求当日午夜停火。

---

* 戈林自己在 5 月 27 日说："只有几艘小渔船出没；希望这些英国兵们知道咋样游泳。"［引自恩格尔，《希特勒身边的副官》（*Heeresadjutant bei Hilter*）］

† CA 20 / 14。

◆ ◆ ◆

英吉利海峡上这个灾难般的日子就这样结束了。在伦敦，战时内阁中所发生的一切，其惊心动魄不亚于此。

或者，应该说，其断然决然不亚于此。丘吉尔深知这一点。他振作起来，准备迎接与前一天同样艰难，甚至更为艰难的一天。（有意思的是，他的家庭日记对其他时候都有精确记录，而 5 月 27 日星期一这天却没有任何记录。）我们已经知道，他在早晨 7:15 被海军中将萨默维尔的一通电话叫醒。然后，他批阅了一大叠文件，主要都是有关军事形势的急件，并准备去参加 11 点半在唐宁街举行的第一次内阁会议。

这次内阁会议长的有点儿异样，主要讨论的是军事问题，当然，也不仅仅是军事问题。其间张伯伦做了较长时间的发言，这有点儿非同寻常。军事报告有时很混乱，而且往往不再准确。帝国总参谋长报告："我们在加来的部队仍在英勇坚持。部分守备部队已撤往海军舰艇，同一部队将派出其他人员来接替他们。"这颇出人意料：因为加来的战斗在 16 个小时前就已经结束了。

审视英国远征军的形势花了很长时间。接着，张伯伦提出了该怎么跟自治领说的问题。这是个很严肃的问题，因为澳大利亚派驻伦敦的英联邦高级专员斯坦利 · 布鲁斯（Stanley Bruce）明显鼓吹失败主义政策。前一天晚上，他对张伯伦说，他觉得如果法国退出，英国将无法继续作战，必须打听一下可能的媾和条件（也许通过墨索里尼）。在战时内阁会议上，张伯伦说他会“再见一下各位高级专员，并知会他们，即使法国退出这场战争，我们也不可能放弃。我们有充足的理由相信，我们能顶住德国的进攻，我们已经下定决心奋战下去。”*（布鲁斯不怎么相信，在接下来的几天继续坚持他的阴郁论调，后来他就淡出了画面。）海军大臣 A. V. 亚历山大（A. V. Alexander）是工党成员，他也出席了这次会议。他知道布鲁斯是个失败主义者。[自治领事务大臣考尔德科特子爵（Viscount Caldecote）属于保守党，他也知道这一点，他说澳大利亚总理并没有同意布鲁斯观点的意思。] 这时，丘吉尔加入了讨论中。他认为，“他可以给诸位大臣发布通用禁止令，要求使用鼓舞人心的措辞。他相信，这个国家的绝大多数人民会拒绝接受失败的可能。”第二天丘吉尔就颁布了这样一条严厉警告。

接下来就是关于必须从纳尔维克撤退的漫长讨论，这是一座挪威城市，两天前，英国、法国、波兰军队成功将其占领——这是自战争开始以来盟军唯一的、迟来的陆上胜利。随后是关于空中大战的更为漫长的讨论，其间丘吉尔对形势的估计比空军参谋长更为乐观。接着，丘吉尔又回到了与法国有关的更广阔前景上。他推测，法国可能会成为中立国，这样一来，“德国不一定会坚持保留法国北部的所有港口。他们会急于把法国和我们分隔开，所以会给法国

* 在会议纪要中，张伯伦无懈可击的发言之后有一个括号，里边有些补充内容：“（当然，该发言适用于假如法国沦陷后马上会出现的局面。这并不意味着任何时候提出媾和条件都不会考虑其价值。）”插入的这句话有点儿不清不楚。“条件”指的是给法国的还是给英国的条件？无论是打字稿，还是出现在会议纪要中的位置，都说明这是后来秘书加上去的。

提供相当优惠的媾和条件”。* 之后张伯伦对此前的参谋长委员会报告（“某种不测情况……”）进行了非常理性的总结分析。但是，他一上来先说，他们的报告“基于一个假设，那就是美国愿意给我们提供充分的经济和财政支持。这个假设也许并非毫无道理，但是，在切近的将来，我们可能还得不到这份支持”。

的确如此。丘吉尔亦深知此事。“美国，”他说，“在战争中几乎没给我们提供任何帮助，现在，他们已经看到了危险多么严重，他们的态度是，他们要把可能用以帮助我们的一切资源留待自身防御之用。”他知道，到目前为止，罗斯福总统仍不能、也不愿以明确、迅速的方式让美国投入对英国的支持。当然啦，罗斯福的理由之一就是美国的国内政治，此时，无论是他史无前例的第三次总统提名，还是接下来总统大选的胜利，都还没有确定。另外一个更重要的原因就是罗斯福在这场战争更重大问题上的观点：如果出现最糟糕的情况，英国军舰可以来西半球。在 5 月 15 日一封极为严肃、重要的电报中，丘吉尔就此提醒过罗斯福。五天之后，在另一份他一开始犹豫着没有发出去，然后又以急件发送的电文中，丘吉尔提醒罗斯福，他不能、也不应该指望英国舰队。

罗斯福还没打算全心全意信任丘吉尔。他也不相信派驻伦敦的肯尼迪，但他确实很信任他在巴黎的大使威廉 · C. 布里特，布大使

---

* 这是非常英明的先见，虽然只说对了一半。实际情况是，24 天以后，在法国彻底沦陷之后，希特勒给法国提供的条件，只能让这个国家在受限的情况下退出战争——这也是为什么当时最后一任英国驻法大使 R. 坎贝尔爵士（Sir R. Campbell）说这些条件“聪明得让人恼火”。但是，这些条件显然比丘吉尔在 5 月 27 日所想象到的更为残酷：德国占有整个英吉利海峡和属于法国的大西洋海岸，包括所有的法国港口。

很坚定地反对希特勒，但当时他认为，英国人可能会放弃，考虑和德国人做个交易。我们注意到，5 月 24 日，罗斯福甚至联系加拿大总理，来讨论“某些不宜声张的不测情况”。因此，罗斯福察觉到，不测情况，即英国可能提出媾和，已经出现了早期迹象，并以自己的方式做出了反应——他的反应往往不那么光明正大。他与丘吉尔的关系还没有发展成熟，尚未形成这一年晚些时候的那种互相信任。5 月 25 日，哈利法克斯起草了一封给罗斯福的电报，和丘吉尔一样，他决定还是不把它发出去，当然，丘吉尔多半会觉得，这封电报既没表现出斗志，措辞又不够强硬。* 这样一来，在 5 月下旬十个惊心动魄的日子里，丘吉尔和罗斯福之间并没有直接交流。

在 27 日的第一场内阁会议中，哈利法克斯发言不多。他提到了英国驻华盛顿大使的一封电报，这位大使提出，至少可以考虑将西半球的某些英国海岛基地送给美国，以换取对方的支持。（在上一个夏天国王和王后访问美国期间，这样的主意已经在四处传播。）丘吉尔说，这个想法不值得现在来讨论。哈利法克斯也就派遣经济代表团前往美国发表了意见，除此之外，在这场漫长的内阁会议中，他几乎没再说什么。大家继续讨论了空战的问题，讨论了万一德军侵略英格兰，应该做什么样的军事准备，讨论了爱尔兰的问题，然

---

* 这封电报的措辞反映出哈利法克斯在用词上一贯的迂回与谨慎。电报建议，罗斯福直接与希特勒对话：“如果您……对希特勒说，虽然您明白他有能力拿到肯定会让他的手下败将感觉费劲、不爽的条件，但是如果这些条件旨在破坏英国和法国的独立，这会马上触及美国的切身利益，而且，如果希特勒坚持这样的条件，您却觉得这样的打算势必会遭到美国的反击，这样一来，他可能会重新思考这个问题。如果在考虑这个问题时，您愿意更进一步，说如果他坚持提出有损英国独立的条件，并因此而损及美国的处境，美国将马上全力支持英国，效果当然会更加显著。”（哈利法克斯文件，A.410. 4. 1，引自罗伯茨，《神圣的狐狸》，212 页。）

后会议就结束了。*

会议过程中，有部分时间卡多根是在场的，他在日记里这样写道："内阁 11:30 开会——和往常一样沉重。各处看不到什么光明。"† 这一天，丘吉尔和哈利法克斯在何处、与何人共进午餐，已不可考。接下来，4 点半，战时内阁再次开会。比起上午的会议，这次会议的保密级别更高，除了阿奇博尔德·辛克莱爵士，并没有战时内阁成员之外的官员参加。辛克莱爵士是自由党领袖、空军大臣，也是丘吉尔的支持者。

5 月 26 日、27 日和 28 日三天里共召开了 9 次战时内阁会议，现在我们已经说到了其中最关键的一次——丘吉尔有意识地把这次会议从他那无与伦比、细致详尽的《第二次世界大战的历史》，也是他自己的《战争回忆录》中抹掉了，提都没提，更别说重现了。这次会议比之前在上午进行的那一场更简短，正是在这次会议上，哈利法克斯感觉，他不得不直接与丘吉尔进行对抗。前一天他也对丘吉尔提出了挑战，但态度并不那么坚决。现在，问题的实质并不是二人性格上的些微差别，而是他们对自己的国家马上要面临的命运有真正截然不同的认识。现在，慢条斯理、小心审慎的哈利法克斯相信，已经到了必须把他和丘吉尔的分歧公开表达出来的时候了。不但如此，他还相信，他们没有时间可以浪费了——确实，如果他们的分歧无法调和，他在考虑退出这一任内阁。正是出于这一原因，

* CAB 65 / 7，WM 141。

† 卡多根，《日记》，290 页。

我们必须努力详尽地重现这天下午发生的情况。

会议一开始，大家就哈利法克斯起草的备忘“墨索里尼先生接触方案”进行讨论。丘吉尔说，如果罗斯福可以和墨索里尼进行接触，这要好过英国通过法国去接触他。丘吉尔最初的发言中有很关键的一句话，表明他已经预见到了法国的悲剧：“如果法国沦陷，德国可能会向其提供优惠条件，但会希望法国任用德国可以接受的那类人来组成内阁。”也就是说，法国不会退回到某种中立状态，可能会出现一个掉转方向、站到另一边去的法国：亲德反英。对此，哈利法克斯并没有完全反对；他向与会阁员报告了英国驻罗马大使发来的最新密电，大意是“就墨索里尼先生而言，眼下我们能做的一切都不会有任何作用。”张伯伦很大程度上赞同这个说法：他认为墨索里尼可能会“参与这场游戏”，但是要到“巴黎被占领”之后。但是，为了法国的利益，或者，更确切地说，为了避免让法国彻底失望，“如果在此之外，我们甚至不愿意给他们与意大利进行磋商的机会，这样的雪上加霜实在太过不幸”。

这时，丘吉尔出声反对与意大利的任何接触——这样一来，他也就表达了对哈利法克斯的“接触建议”的彻底反对。他说，张伯伦的意见“相当于说，这样的接触不会有任何结果，但为了使与沦陷中的盟国的关系更加轻松愉快，还是值得一试”。接着，他给大家读了他在那天早晨收到的、雷诺发来的电报，这封电报至少间接暗示了有比意大利问题更重要的“事情在（雷诺）心目中分量最重……在这样一个悲惨的时刻，英国对法国提供的援助将使大家的心更紧密地连在一起，我（雷诺）认为这非常重要。”丘吉尔停在了这里。阿奇博尔德·辛克莱爵士出声支持：“他相信，此时任何疏通意大利的行为都没有丝毫意义。处于这样的困境之中，我方的任何示弱举动对德国人和意大利人来说都是一种鼓励，而且这可能会破坏国家以及各自治领的士气。我们愿意拿出英国的几块领土来做交易，这样的建议可悲可叹，会使我们很难继续进行等待着我们的殊死搏斗。但是，他深知倾尽全力助法国一臂之力的重要性。”艾德礼和格林伍德发表了大致相同的意见。格林伍德说，他觉得“没有任何办法帮法国摆脱目前的困境……如果传出去我们要以割让英国领土为代价来祈求媾和条件，后果将非常可怕……这些疏通方案再往前一步，就是在走向灾难”。

哈利法克斯只开口替法国求过一回情，还说得拐弯抹角。然后他又回到两天前他与巴斯蒂亚尼尼的谈话记录上，“在这次讨论中他说我们一直都愿意讨论我们两国之间的问题，也愿意尽全力寻找令双方都满意的解决方案。除了地理信息的精确性之外，法国并没有真的计划比这走得更远，而他并不打算在这个问题上接受他们的观点。他怀疑，我们必须不能做任何看起来是在示弱的事情，这个观点似乎没什么说服力，因为墨索里尼先生应该知道，疏通罗斯福总统是我们怂恿的。”这基本可以说是事实。但是，在哈利法克斯的观点背后，隐藏的是他的认识——丘吉尔打算无条件地全盘推翻他的“接触方案”。

他是对的：因为这时丘吉尔开始了他具有决定意义的讲话。其他历史学家也曾引述过这段讲话中的词句，但是，在这里，我们必须完整地重现整段讲话：

首相说他感觉越来越压抑，针对墨索里尼先生的接触方案没有任何意义，墨氏一定会对这样的方案嗤之以鼻。这样的方案能给雷诺先生带来的好处，远远不如他保持坚定的立场。而且，这种接触会破坏我们在这个国家的战略位置的整体性。即使我们不把准确地理信息包括在内，不提任何名字，谁也都知道我们想的是什么。就他自己而言，他怀疑法国是不是真的像雷诺所描述的那么想放弃战斗。无论如何，我们别被法国拉下水。如果法国人不准备继续作战，让他们放弃好了，不过他怀疑他们是不是会这么做。如果这个国家落败，法国变成一个附庸国；但是如果我们赢了，我们就可以拯救他们。我们能给雷诺先生提供的最佳帮助，就是让他觉得，不管法国发生什么，我们都会奋战到底。这个策略其实是在帮助法国摆脱目前的困境——法国可能不得不单独要求媾和，但是她曾立下协定，不能这么做。

此刻我们在欧洲的声誉非常不好。我们能够赢回声誉的唯一办法就是要让全世界看看，德国并没有把我们打垮。如果两三个月之后，我们可以向世界表明我们并没有被击败，我们的声誉就有望回升。就算我们落败，情形也不会比现在就放弃战斗更为糟糕。因此，让我们避免被法国拉着一起走下坡路。这个策略的全部目的，就是要让我们在磋商中卷入过深以致无法回头。我们在疏通意大利方面已经做了很多努力，但是不要让雷诺先生把我们引入混乱而不可收拾的局面。接触方案不但没有任何意义，而且会让我们卷入致命的危险之中。

如果我们假设丘吉尔在倒数第二句中提到雷诺的名字时，同时也暗指哈利法克斯，这似乎并非毫无道理。这时张伯伦插了一句，提出了让大家都冷静下来的折中方案：“他同意，接触计划不会有任何作用，但他认为我们还是要就此前进那么一小步，这样法国才不至于发难。他认为，我们的回复不能是彻底拒绝。”但是，让罗斯福先去跟墨索里尼打交道吧；这会给英国一些时间。

这时丘吉尔就法国军队的战斗精神做了简短发言；那天早晨他听说情况有所好转。“否则一切都会落到我们身上。如果发生万一，这个国家能够为那些已经败倒在纳粹专政之下的国家继续作战，未尝不是一件好事。”

此刻哈利法克斯已经听够了。一开始他说他基本同意张伯伦的看法。“但是，他意识到，大家在***观点上有一些根本性的分歧***，他希望澄清一下。”（斜体是我加的）

> 他并没有发现，他所提议的行动与祈求媾和条件、走上一条引向灾难的路线之间有任何相同之处。在前一天的讨论中，他曾问过首相，如果与这个国家的独立息息相关的问题不受影响，如果首相对这一点感到满意，他是否愿意讨论一下媾和条件。首相说，如果这些条件能让我们摆脱目前的困境，他会非常感激，只要我们能保住生死攸关的关键力量的基本要素，作为代价甚至可以割让一些领土。

这里哈利法克斯试图让丘吉尔明确表态。他继续说：

> 但是，眼下，首相似乎想说，在任何情况下，我们都不会考虑其他路线，唯有奋战到底。这样的探讨可能有些纸上谈兵，因为我们不太可能拿到不违背对我们来说至关重要的基本条件的媾和条件。但是，如果我们可能拿到不损害这些基本条件的解决方案，就他本人而言，他很怀疑自己能否接受首相现在提出的观点。首相曾说，两到三个月的时间可以告诉世界，我们能否扛得住空中的风险。这意味着，这个国家的将来取决于敌军的炮弹是否会碰巧击中我们的飞机制造厂。如果我们的独立受到威胁，他愿意承担这样的风险；但是，如果独立不是问题，他认为，接受可以把这个国家从可避免的危险中拯救出来的条件，才是正确的做法。

丘吉尔说："这是一个非常不现实的问题，很可能并不会出现，就算不把这样的讨论牵扯在内，召开这次内阁会议需要解决的问题已经够棘手了。如果希特勒先生准备以德国收回殖民地、成为中欧霸主为条件进行媾和，那是一回事。但很大的可能是他不会开出这样的条件。"

张伯伦认为，"如果可以给战时内阁提出具体方案，决定什么是必要的、什么不是必要的就没什么难度了"。

这是介于哈利法克斯和丘吉尔之间的一种折中建议。但是哈利法克斯再次出声：

> 外交大臣说他想提出下面的问题。假设法国军队沦陷，并且希特勒先生提出媾和条件。假设法国政府说：“我们无法讨论向法国单方面提出的任何条件，你们必须把盟国作为一个整体来对待。”假设希特勒先生因为了解自己的内部弱点而急于结束这场战争，并向法英两国提出媾和条件，首相是否愿意考虑一下？

这段话中关键的一点是，针对墨索里尼和意大利的“接触方案”不再是哈利法克斯意见的重点。他的问题很简单、很直白，丘吉尔是否愿意考虑***任何***媾和条件，在***任何***时候？现在，丘吉尔觉得，他没法干脆地回答一个“不”字：“他不会和法国一起提出媾和；但如果他知道德国提出了什么样的媾和条件，他愿意考虑一下。”*

张伯伦觉得，希特勒的策略可能是给法国提供明确的条件，

---

* 他只愿意做到这一步。在大约60年后的今天，对这次内阁会议，有各种不同的解读。安德鲁·罗伯茨在为哈利法克斯所作的传记中提到，折中方案是丘吉尔提出来的，不是张伯伦提的。有一点他说对了——他说当哈利法克斯逼迫丘吉尔表态时，他“利用了丘吉尔想尽量显得温和的心理，可以更好地向战时内阁兜售他的策略，尤其是可以把张伯伦拉到他这一边”；“丘吉尔扭曲、歪曲了他的意见，这让哈利法克斯大为光火……召开内阁会议本来是要听取冷静、成熟的想法，结果满耳朵听的都是各种高谈阔论，为占上风充斥着浪漫主义，不合逻辑。”（《神圣的狐狸》，220—221页）他在其他情况下的判断都很公允，此处略显夸张。大卫·迪尔克斯引用了丘吉尔的最后一句话，“虽然他不愿和法国一起提出媾和，如果被告知媾和条件，他还是愿意考虑一下”，并补充说：“这里，在所有人当中，偏偏是丘吉尔愿意考虑媾和，考虑显然会让德国成为欧洲霸主并导致英国失去部分领土的媾和。人们对丘吉尔的传统认识是，从他接任首相的那一刻开始，他就决心要战斗到底，直到欧洲全部解放，这种认识在纯粹形式上已经站不住脚。”（迪尔克斯，《暮光之战与法国的倒掉》）这有些夸张：1940年5月底的问题，无疑是英国作为一个独立国家存活的问题；而且，丘吉尔从来也没有为整个欧洲而战，1940年没有，后来也没有。我更倾向接受菲利普·贝尔冷静而又理性的总结：“5月26日、27日、28日三天里战时内阁的讨论，标志着英国历史上的一个决定性时刻，并且间接标志着欧洲历史上的决定性时刻。如果战时内阁同意了法国的提议，抱着斡旋的目的疏通墨索里尼，他们就不会背叛这样的决定，这一点毋庸置疑。一旦开启谈判的可能，就没法再关上这扇门，政府也就无法继续带领这个国家一往无前地与德国力量进行对抗。”（《某种不测情况》，48页）

如果法国回答说他们有盟国，那他就说："我在这儿，让他们派个代表团来巴黎吧。""战时内阁认为，对于这样的提议，答案只可能是'不'。"

那好吧，不过哈利法克斯坚持说，他不愿给法国"来个断然拒绝"。于是大家同意，可以沿着张伯伦提出的思路，给雷诺一个草案。会议结束时，大家又对美国和英国舰队进行了简短讨论："罗斯福总统似乎认为，如果这个大英帝国遭到蹂躏，他来捡走一些碎片残渣已经非常厚道了。也许他应该意识到，这个问题还有另外一面。" *

但是关键问题还是内阁内部的分裂。哈利法克斯不是已经拐弯抹角地暗示了，他可能会辞职？花园中的散步就是这时候出现的，不过，唉，对于这次散步，哈利法克斯和丘吉尔都没提过。现在，哈利法克斯邀请丘吉尔"跟他一起去花园"走走。在这之前，哈氏告诉卡多根："我没法继续跟温斯顿共事"。卡多根："我说'胡说！他那牛皮吹得可能让你厌烦，我也一样烦，但别在这样的压力下做任何傻事'。" † 丘吉尔究竟在花园里跟哈利法克斯说了些什么，我们无从得知；这两位谁都没有留下关于这次谈话的任何记载。不太可能是丘吉尔有什么秘密情报只愿意透露给哈利法克斯一个人。更大的可能是，他施展个人魅力，对哈利法克斯进行了一定的安抚

---

* CAB 65 / 13，WM 142。那天一早，英国驻华盛顿大使洛西恩报告说，他已经与罗斯福谈过，后者"边想边说"，再次重申了他的想法：万一德国获胜，英国海军应该起航前往加拿大，王室则应避至百慕大，因为"如果君主制建立在美国大陆之上，美利坚合众国会感到不安"。（WM142，附录）

† 卡多根，《日记》，291 页。"后来哈来我房间喝茶。说他已经跟温聊过了，温当然极尽温和亲切之能事！我说，我们都烦躁苦恼，但真的还必须要控制自己的情绪，无论他要做什么，都要先问问内维尔的意见。他说那是当然，而且，他这个人，就我所知，不是会草率做出决定的类型。"

（这样的事他过去也干过一次）*，但是，更重要的是，他让哈利法克斯明白，如果哈氏从内阁中退出，此举可能成为最严峻的民族危机的开端。但是，我们仍然怀疑，丘吉尔能趁着短暂的散步说服哈利法克斯，让对方接受他的观点是正确的。†

和前一天一样，这一天也召开了第三次内阁会议，而且是在晚上 10 点这样一个晚得有点异乎寻常的时间。这次会议几乎只讨论了一个问题，那就是比利时投降的后果。信息大臣达夫·库柏“建议，应该向公众指出英国远征军所面临的严峻形势……毫无疑问，眼下，公众对军队的真实处境始料未及，会大吃一惊。”丘吉尔认为，“应该强调处境的严峻程度，但他不赞成进行太多的细节描述，也不赞成对战斗的结果进行任何预测，一切都要等到形势更为明朗再说。比利时的休战声明可以在很大程度上帮助公众准备好接受坏消息”。‡

在这最后一场会议之前，丘吉尔收到了斯皮尔斯从巴黎发

---

* 见前文。

† 我们已经知道，哈利法克斯对这段插曲只字未提，但那天晚上他仍在日记中写道：“我感觉温斯顿说了一堆最可怕的胡话，还有格林伍德，我忍了他们一段时间，然后我准确地表达了我对这些问题的看法，并补充说，如果他们是这样看的，如果真到了那个时候，我们的路线必须分开……（丘吉尔）在应该运用脑力进行思考推理的时候迸发出了澎湃的热情，那一刻我很绝望。”（哈利法克斯日记，1940 年 5 月 27 日）这显然说明，丘吉尔并没有能够说服哈利法克斯。但是，我们也必须考虑到，哈利法克斯的日记主要是写给家人看的——确切地说，只是写给家人看的。这并不是一本政治日记，虽然上文看起来似乎不仅仅是怨愤的爆发；他可能是想着眼未来，表明自己的立场（如果那是他的立场的话）。同时，也许还有一点值得注意，那就是他自己的重述（“我准确地表达了我对这些问题的看法”），包括他威胁要辞职，都没出现在战时内阁对此次会议的记录中。关于这一点，罗伯茨在《神圣的狐狸》221 页的说法也许是对的：“（哈利法克斯）5 月 27 日的威胁对丘吉尔触动很大，他无法承受看着自己组建的内阁分裂得如此公然、迅速、彻底，特别是不能在这样一个问题上发生分裂——公众肯定会认为这是事关和平还是战争的问题。当然，哈利法克斯也清楚这一点，他那么说只是鸣枪示警，并非真的想一走了之。”

‡ CAB 65/7，WM 143（40）。

哈利法克斯（右）告诉卡多根："我没法继续跟温斯顿共事。"
卡多根："我说：'胡说！他那牛皮吹的可能让你厌烦，我也一样烦，但别在这样的压力下做任何傻事。'"

来的长长的急电，斯先生和雷诺谈了很长时间。*丘吉尔在午夜上床休息，休息之前要了一杯加了苏打水的“很淡”的威士忌。他的情绪比前一天晚上好了些，但他的处境并不稳当。毕竟，虽然经过了两天拖拖拉拉、心神俱疲的讨论，他的决定仍未能占得上风。

◆ ◆ ◆

虽然内阁会议事属机密，但是，这次内阁会议中所发生的情况，头一遭有消息流传出去。约翰·科尔维在日记中写道：“有迹象表明，哈利法克斯持失败主义想法。他说我们的目标不再是碾压德国，而是保持我们自己的完整和独立。幸运的是，艾恩赛德已经走了。”†休·道尔顿则在日记中这样写：“研究完最重要、最机密的文件之后，内阁有人通知我，我不需要参加今天上午的内阁会议，因为只有战时内阁成员需要出席……有些书信中已经可以看到失败主义的蛛丝马迹。”午饭后，道尔顿去见了艾德礼，时间很短，“诸位大臣和高级官员将会收到首相的正式指令，言谈举止皆不可表露出

---

* “我认为，（雷诺）相当怯懦……他补充说，他本人愿意坚持到最后，但他无法掩盖这样的事实：如果德军真的向塞纳河推进，其他愿意进行和谈的人会取代他的位置……就雷诺的情况来看，我已经锁定了可疑之处（原文如此），就是那个又胖又狡猾的悲观主义者，他就坐在雷诺旁边，不断地往他耳朵里灌失败主义的迷魂汤。这个人就是维里卢恩中校（Lt.–Col. de Villelune）（原文如此），雷诺的私人军事顾问，他非常信任的人……如果（维里卢恩）的欺瞒和狡诈有看上去的一半那么多，他就能甩老教唆犯费金（《雾都孤儿》中的坏蛋角色）好几条街……现在，法国人民还没有感觉到愤怒。他们坚定、平静，但很困惑。”（PREM 3 / 188 / 6）

† 科尔维，《权力的边缘》（*The Fringes of Power*），140 页。

失败主义。”* 哈罗德·尼科尔森已出版和未出版的日记中，都没有任何地方提到他知道战时内阁中发生的激烈争论。†

南希·阿斯特（生于美国的政治家，后来成为第一位进入下议院的女性）当天在一封信中写道：“消息很糟糕，但有人告诉我，情况也不像看上去那么糟。”‡ 5月27日的《曼彻斯特卫报》引用了尼科尔森的话来说那些造谣者：“叽叽喳喳的臭虫。”“现在，恶意谣言四处传播，我们大受其苦。”前一天，达夫·库柏用法语对法国发表了广播讲话。27日的《泰晤士报》对此进行了报道，标题是“德国给法国挖的和平陷阱”，这意味着，他们就法国可能退出战争展开的机密讨论至少有某些内容已经渗透开来。（人们经常把达夫·库柏的民意记者称作“库柏的探子”。）《每日快报》和《约克郡邮报》都暗示，现在看来，墨索里尼加入战团，可谓已成定局。《每日电讯报》在罗马的通讯员报告了一些异常情况：“领袖今天接见了军事顾问。意大利电台中充斥着各种激烈言论。‘普通意大利人仍非常友善’依然是事实，但恐怕他们很快也要卷入战争。”同

---

* 《休·道尔顿的“二战”日记》，23页。“5月27日和28日，罗斯福从肯尼迪处以及诺克斯的《芝加哥每日新闻》在伦敦的办事处了解到，内阁中有一部分人在讨论进行和平谈判的可能。”（雷诺兹，《英美联盟的诞生》（*The Creation of the Anglo-American Alliance*），115页）（伦敦的这样一位二线美国报人怎么会了解英国报社老板们都不知道的事情，或者说，几乎都没有意识到的事情？）

† 他在信息部他自己的办公室飞快地给夫人写了个便条：“恐怕今天下午的消息确实非常糟糕，我们必须预料到，德军可能会包围我们的大部分军队，并占领整个比利时以及法国北部。我们也必须面对这样的可能，法国可能会单独媾和，特别是如果意大利加入战团的话……我想你暂时最好跟谁也别说。”（《哈罗德·尼科尔森日记与书信》，90页）

‡ 《阿斯特文集》，1416/1/2。

一天："接下来的一周伦敦各剧院将要上演的新戏*……虽然目前形势危难重重。"《每日邮报》第一版的一条新闻报道，南部海岸的15座城镇将宣布成为"撤退区。如果父母希望孩子们撤离，这些地方的孩子将会被送往英格兰中部地区及威尔士"。这些城镇包括拉姆斯盖特，就在同一张报纸上，还登着这个地方的旅馆和公寓可供"度假"的广告。

关于战争的新闻报道往往并不准确，有一定的误导性，甚至可能完全错误。(《新闻纪事报》："加来肯定在我们手中。""300名奥地利人在挪威发动兵变。""法国军队在索姆地区保持优势。""6万名纳粹分子在奥地利受伤。"《每日先驱报》："今晨盟军坚守海峡沿岸的加来、敦刻尔克、奥斯坦德、泽布吕赫等港口。")但是，报纸给人的整体印象仍然是，英国国内平静得让人有些惊讶。证券市场并没有大的波动（不过当时巴黎的证券市场也没什么波动）。在威斯敏斯特主教座堂，红衣主教阿瑟·欣斯利（Cardinal Arthur Hinsley）在布道中被一个女人打断。她大喊："和平！"没有人对她

---

* 《平静的客栈》(*The Peaceful Inn*)，作者是丹尼斯·奥格登（Dennis Ogden）(乔治·奥威尔在日记中称之为"最可怕的废话"。很有意思的一点是，这出戏是1940年拍摄的，但无论间接还是直接，其中都没有提到这场战争)。还有《海伦的画像》(*The Portrait of Helen*)，作者是奥德利·卢卡斯（Audrey Lucas），以及《暴风雨》，约翰·吉尔古德（John Gielgud）主演，配乐则是奥利弗·梅塞尔（Oliver Messel），还有易卜生的《群鬼》。"爱德华·珀西的《布伦特医生一家》(*Dr. Brent's Household*)将在里士满开演。"5月27日的《泰晤士报》上有一封给编者的信很有趣，是查尔斯顿的克莱夫·贝尔（Clive Bell）(布卢姆斯伯里的一位名士)写来的："我买了一份报纸，据称是'运动第四版'。它共有8页，其中6页讲的都是赛马和赛狗……如果政府不在战争期间停止各种竞赛，政府对所有公民做出的生命、劳动、财产方面的要求很难被认真对待。"而另一方面，哈罗德·尼科尔森在其写于5月24日未发表的日记中如是说："北上去莱斯特，那里的1936俱乐部有一场盛大晚宴。招待极为隆重，而且我发现他们的士气相当好。这并不仅仅是一种自鸣得意，因为我给他们出了道测试题，让他们就'德比战该不该延后'进行投票，其中88%的人都赞成延后。"

提出指控。*《新闻纪事报》中有一张小插图："昨晚一名男子走进斯泰恩斯附近一家酒吧。"这是个板球运动员，穿着白色法兰绒衣服。有个红脸汉子大声说："他应该为自己感到羞愧。""说我呢？""其实我还真是羞愧。国家在打仗，这不是打板球的时候。""很好，我想问你个问题：今天下午你在干什么？""看报纸，看无线电讯，担忧得都快吐了。""你如果打板球可能感觉还好些。"一两天之后，当刚刚从敦刻尔克回来、疲惫但面带微笑的大批士兵坐在火车里的时候，他们会瞥见，在距南方铁路公司的车站有些距离的肯特郡的草皮上，有穿白色法兰绒的男人在打板球，而车站则挤满了英格兰的各色男男女女，他们自发来到这里，把茶、柠檬水和三明治送到军人们手里，为他们加油。

5 月 26 日和 27 日民意调查的提要《士气：周日和周一》报道说："显然听天由命的情绪又有上升，民众的普遍关注和民意的质量也有提升，这种上升和提升幅度不大，但意义重大。新闻匮乏作为一种有意识的策略，如果持续时间较长，很可能会加剧这样的情绪。其中隐含着危险。"5 月 26 日，星期天："表达对报纸的不信任的言论越来越多，这与官方的新闻通告没有什么必然联系。"5 月 27 日星期一："今天的民意仍然比较困惑。人们处在一种悬念之中，在等待确定的消息。出现了不安的暗流，当然，有人表现得焦虑不安，也有人说我们一定会安然度过……越来越多的女性表示，她们

* 坦布里奇威尔斯的一个名叫 A. B. 杨（A. B. Young）的人给《新闻纪事报》的编辑写信："现在到了召回劳合・乔治、让他进入战时内阁的时候了。他的任命可以带来安慰与力量。"

情愿不去想这个问题，很多人有意不去听无线广播。”“博尔顿的情形和伦敦一样，不愿意表达想法的人多了起来。利物浦的情况是，和几周前相比，民意的表达向着‘现实主义’更进了一步，少了些‘异想天开’。”“和往常一样，东萨福克保持平静，尽管出现了大规模的军事行动和洪水泛滥——后者很让有些农人头疼。”“牛津：对报纸不报道新闻有几句抱怨，总的来说，认为新闻匮乏意味着坏消息。但是，每个人都相信最终我们一定会打赢。对新内阁有一些好评。”*

几天后发布的《整体士气：后方情况》（*General Morale : Background Situations*）对过去这一周进行了总结：“在5月底的士气调查中，发现了数不清的不经意中对希特勒的颂扬，还有数不清的言论表达了面对德国人的自卑感。”†用数字表示的“乐观主义与悲观主义比值”（“始终以乐观主义为指数，其值为1”）表明，从5月21日开始，悲观主义情绪有所上升：5月22—24日：1.24；5月25—27日：1.04；5月28—30日上升到2.17，但随后在5月31日至6月2日回落为0.76——此时，终于从敦刻尔克传来了好消息。

* FR 142。

† FR 159。

第六章

5 月 28 日，星期二

Chapter Six

Tuesday, 28 May

士气、民意、新闻报道。——“我们不能就这样让公众处于饥渴之中。”——外侨及难民。——丘吉尔的命令及第一次内阁会议。——他在下院的讲话。——第二次内阁会议。——丘吉尔的政变。——他渡过难关。

现在让我们把前几章惯常的顺序打乱，不把英国士气与民意调查放在这一章的结尾，而是开头就来谈谈这个问题。这段时间以来，信息、民意，甚至民情通常都落后于正在发生的事情，不过，现在已经有迹象表明，民意开始跟上军事形势的变化了。但是，毫不夸张地说，除了几个人之外，大多数人仍对哈利法克斯和丘吉尔在战时内阁中的分歧一无所知——也就是说，对丘吉尔的领导能力和他所制定的路线所面临的挑战一无所知。这个形势对丘吉尔有利。显然，如果公众得知战时内阁出现了分歧，很可能会在这样一个生死攸关的时刻影响、甚至威胁到英国的士气。在历史回顾中——我指的不仅仅是对过去几十年的回顾，也包括对最近刚刚向历史学家开放的内阁文件的回顾，可以发现，对于政府危机毫不知情也有助于全国上下自始至终一直相信，自从丘吉尔 5 月 10 日接任首相一职以来，他对这个国家的领导不仅大受欢迎，而且无可挑剔、无可争议。这段时间的民意如此，这一年夏天晚些时候以及不列颠之战中民意亦是如此。夏尔·戴高乐将军对丘吉尔“搅动沉重的英国面团”的能力表示钦佩。*戴高乐的这个说法很是机敏，他指的是丘吉尔的演说的力量——但那是在6月和7月。

民众并不知道敦刻尔克“真正”发生了什么。但是，到了5月28日，开始第一次出现英国远征军可能全军覆没的消息——此时敦刻尔克的形势正要发生转变，大规模撤退多半可以成功。但是，当时仍有一定的时间间隔；女作家玛格丽·艾林翰回忆了当天的情形，提到比利时国王的弃战：“各种风雨欲来的传闻，造成很多打击，我觉得，在所有的打击中，这个来得最突然、最让人崩溃。”她还说：“跟比利时接踵而来的就是敦刻尔克的消息。”† 这和民意调查5月28日的报告是一致的——“所有的观察员都认为，（比利时的）消息对人们是极大的打击，确实让大家非常震惊”——但是，“总的感觉是整体并不悲观，人们普遍还在说，最后我们一定能渡过难关”。‡

综合性的《士气调查》报道：“一个新特点……很多人说着自信的话或其他的话，但他们用的词、打的比方会流露出很大的不确定性，或者流露出对希特勒的强大能力的钦佩……在很多（女性）看来，他已经成了秘密的、还多少带点儿神秘色彩的占星大师。无论他说他要做什么，他都能做得到。洛（Low）在《标准晚报》上的漫画（5月30日刊出，估计是一两天前画的）画的是希特勒坐

---

* 〔译者注〕原文中引用了戴高乐的法语说法“pour remuer la lourde pate anglaise”，然后作者用英文对这句法语进行了解释，此处为避免重复，未翻译法语原文。

† 艾林翰，《橡木之心》，188页、189页。

‡ FR 159。但是，这和回溯性报告中的说法不太一致（见前文），大意是悲观主义对乐观主义的比例在5月28—30日达到最高。

在大型游览车里眺望英吉利海峡，车身两侧写着“伦敦，8 月 18 日”，车尾是一串其他的首都城市名称和日期，每个都已经成功地打上了对勾。这幅漫画显然是想把希特勒表现得滑稽一些，但对普通民众来说，潜意识中造成的影响恐怕恰恰相反。* 不过，更重要的是：“我们认为，人们并非根本或全然无动于衷，他们的漠不关心都是被动的，因为他们不知道该做些什么，或者该怎么去做，而且，在丘吉尔新的领导之下，他们仍然在很多方面都无法达到可以称作，或者至少可以框定为民间知识与合作的最低要求——例如，在最初阶段该如何处理燃烧弹……现在有这样一种倾向，比如，信息部的人就这样认为——他们觉得因为内阁变了，因为现在的首相精力充沛，现在的政务次官也充满活力，所以人民大众也跟着发生了变化。”但是，《今日士气》5 月 28—29 日的报道中，对于信息大臣达夫 · 库柏 28 日发表的广播讲话做出了正面评价：“总的来说很受欢迎，约有一半人听了这次讲话。很多人对他坦陈事实表示感谢，对他自信的表现也留下了深刻印象。普遍意见是虽然情况严峻，但他讲了实情，因此总的来说给了听众更多的自信……他的讲话每播放一次，人们对他的广播明显就多了一分充满理解与相惜的喜欢，而且人们差不多已经开始依赖他，等着他告诉大家应该怎样看待目前的形势。当然，以后的日子里，在这一点上，他绝对无论如何都不

---

* FR 159。但是，洛更早时候的一幅漫画后来非常出名，这幅漫画的标题是《全都支持你，温斯顿》（画中的丘吉尔显得又冷酷又坚决，挽着袖子，握着拳头，快步走过一大群同样挽袖握拳的人面前，这群人里还有张伯伦和哈利法克斯），影响颇大：道尔顿跟丘吉尔提过这幅漫画，丘吉尔的反应显然非常愉快，当时是 5 月 28 日，外围内阁级大臣会议刚刚结束。

能让大家‘失望’，过去很多领导人可都让人失望过。”*

关于民意的复杂性，《今日士气》5 月 29 日报告中的分析非常细致、明智，值得把其中一些内容详细引述。“对于比利时投降的新闻，民意很大程度上仍处于震惊中。但是，整体士气很好。如果非要说的话，人们***更为平静***。目前，没有人因为害怕侵略表现出极大的焦虑，但是，随着人们逐渐意识到真正的形势，大家越来越关心英国远征军的情况。”

> 下午早些时候，比利时的消息传了过来，大家颇为震惊。尽管如此，很多人仍没有充分认识到当前的形势。特别是广播和报纸上众说纷纭乱作一团，在这样的防护之下，民众无须面对全部事实，他们还以为比利时政府已经决定靠自己的军队继续坚持下去，等等，等等……人们继续这样认为，部分原因是很多人对消息和新闻没有完全理解，还有部分原因是他们***愿意***相信这个……
>
> 当然，广大民众所遭受的任何让人不那么愉快的冲击，都带有这种认识不足的特点。

接下来的分析报告指出，总的来说，“更富裕、受教育程度更高的”人也更悲观，只不过是因为他们对英吉利海峡的地理位置有

---

* FR 155。

《笨拙周报》(*Punch*)上的一幅漫画:“同时,英国所有民众在面临侵略的威胁时,陷入极度的恐慌。”

所了解。同时,随着比利时的投降,也出现了一些“放肆指责”比利时国王的言论,甚至,有那么一两个连美国也一起责问,这主要出现在受教育程度不高的阶层中。“结果就是,对目前局面的影响认识不够充分。昨天,对英国远征军的关心还比较模糊,只是个人行为。今天,越来越多的人认识到,如果出现最糟糕的局面,英国远征军可能会被迫投降。有些人已经清楚地意识到了这一点。”

5 月 28 日,星期二,这样的认识第一次开始大面积出现。但是,“到今天为止,仍没有人表现出真正的担忧,这很不对劲。相当一部分人仍公然表现出胸有成竹的样子,虽然过去几天里,关于我们***肯定***可以轻而易举获得胜利的言论已经逐渐消失。这并不意味着人们没把当前形势当回事，而是说明真正的形势还没有充分为民众所了解。我们注意到，过去一两天里，民意逐渐趋于稳定，这让大家在一定程度上能自我控制。”

大体而言，这些报告的准确程度以及对民意和民情的估量，基本和我们所掌握的、当天日记中记载的个人回忆一致。* 巧的是，乔治·奥威尔在5月28日这一天开始记战时日记：“报纸上的海报中断了，今天还是第一次……但是，早晨《星报》(*Star*)的八个版面中，仍有六个讲的是赛马……我宁愿英国远征军被打得落花流水，那也好过停止抵抗。人们对战争的谈论略多起来，但是多得极为有限。迄今为止，和以往一样，在酒吧等地方听不到任何关于这场战争的评论。昨晚，我和E.艾琳（他太太）去酒吧听9点钟的新闻。要不是我们要求，女侍还不会把广播打开呢，而且，显然没人在听。”†

奥威尔并没有把这种有意识的缄默归结为愚蠢或麻木。两天以后，他写道：“似乎没法让他们认识到，他们处于危险之中，虽然我们完全有理由认为，几天之内对英国的进攻就有可能开始，而且所有的报纸都这么说。西里尔·康诺利说，到时候他们就该恐慌了，

---

* 关于民意和民情的区别，见前文。民意调查和信息部的报告中提到了一些明显重叠但仍有不同的现象，这些现象并没有就民意和民情进行区分。他们使用的“民意”一词也包括他们对民情的统计。

† 他的日记一直持续到1941年8月28日才中断，并于1942年3月14日恢复，直至当年的11月15日。

我可不这么觉得。”*

5月28日，伊夫林·沃请了一天假，离开岗位前往伦敦：“到了那儿，我发现，街上在传比利时投降的消息，同时也有妇女在兜售‘动物日’的旗子……格雷厄姆·格林（Graham Greene）提出了一个关于部队的公职作家的计划，他自己想成为一名水兵……我说，如果我们发现我们在远东地区一直处于防守位置，或者我发现自己不适应、需要接受训练的话，公职作家这个职业可能更方便些。回来后发现营地非常消沉。司令员去了奥尔德肖特（Aldershot），接到指示要让部队准备承受关于英国远征军的最沉痛的消息，并让将士保持士气。”† 哈罗德·尼科尔森的政策委员会上午开会讨论了比利时的消息：“从纯粹愤世嫉俗的角度来看，把这个消息透露给英国民众并不是件特别糟糕的事。这至少会让他们觉得，灾难是比利时人的懦弱造成的，当然，一定程度上确实如此。”那天晚上，稍晚的时候，尼科尔森不得不就信息部的费用估算对下院发表讲话：“站在格莱斯顿曾经敲打过的这个箱子上，感觉有些奇怪。我一点儿也不紧张，除了我手头上的工作，也几乎不知道其他的事情，但是，如果没有这场战争带给我们的隐痛，我会觉得这是我生命中一个非常重大的时刻。”‡

前一天晚上，尼科尔森刚刚同意，战时公报的整个系统“必须改

---

* 《乔治·奥威尔随笔、报刊文章及书信选集》（*Collected Essays, Journalism, and Letters of George Orwell*），340—341页、342页。

† 《伊夫林·沃日记》，470—471页。

‡ 未出版日记，藏于贝列尔学院，46页。

变，我们不能就这样让公众处于饥渴之中”。5月28日和29日，这体现出来一些效果：报纸上***有些***关于战况的报道不那么荒唐了。但是，很多新闻仍是一种误导，或者显得非常外行。5月28日《每日快报》关于民意的版面出现了“严肃新闻”：“消息非常沉重。每时每刻都在变得越发沉重。英国远征军在比利时的严峻形势，以及与之一起的法国和比利时军队的形势，再也来不得半点伪装。”（这是在比利时投降***之后***。）但是，《每日邮报》的头条标题是“对魏刚的信任”：“我们仍在等待魏刚。我们等着反击的那一刻。”此时距最后一次能称作反击的、徒劳无功的尝试已经过去了六天，这根本说不通。《每日镜报》的头条标题是“3名英国皇家空军王牌飞行员击落敌机100架”。

最奇怪的一个倾向是怂恿民众对苏联保持乐观——这种倾向很明显，至少三家报纸的新闻里有所提及，而且这几家报纸互相并没有联系。（1914年有过这样的先例，当时谣言席卷英国，说他们的盟军苏联的军队即将抵达英格兰：大家应该已经见到了其中一些人，他们的靴子上还沾着雪呢。）满足斯塔福德·克里普斯勋爵的愿望，提名他来担任驻苏联大使，这是哈利法克斯的主意（这真是个灾难性的选择，但直到很久以后人们才意识到这一点）。*5月28日，《每日镜报》刊出的社论对苏联表示乐观：“和苏联达成贸易协定及友好公约，我们只有得到，没有失去。”《新闻纪事报》：“显然，目前苏联没表现出任何帮助希特勒展开战争的意思。”这并不准确，

* 这两个人处于政治光谱中对立的两极，是个人感受的共鸣把他们联系在一起：克里普斯和哈利法克斯一样，在宗教方面勉强可以称得上是清教徒——悲观阴郁、习惯苦行，典型的约克郡人。

这反映出自打希特勒侵略苏联开始以及从那之后至少部分英国报纸典型的异想天开（还有异写天开）。同一天，《曼彻斯特卫报》刊出了洛的另一幅漫画：斯大林很认真、但很欣然地在听克里普斯说话，后者一副英国推销员的模样，叩开了克里姆林宫的大门——异想天开的又一个例子。[很快，V. M. 莫洛托夫（V. M. Molotov）就将遵照斯大林的指示，就德国战胜法国向希特勒表示祝贺。]

在同一张《曼彻斯特卫报》上："布莱克本的工厂昨天早晨不是在 7:45，而是 6 点就在理毛、纺纱、织布了……现在每周的工作量是 55.5 小时。""在博尔顿附近的西伯顿，哈特利的工业制造厂中，泰勒先生厂子里的纺织工人拒绝为一个出于信仰拒服兵役的人打工（尽管他主动加入空袭预防措施服务）。"对外国人，也表现出了相当大的怀疑。《新闻纪事报》5 月 28 日："昨天晚上，芬奇利地方议会决定，出于对该地区的民防考虑，遣散 40 名外侨。"《每日邮报》的"邮袋"："几百名读者写信来，要求'在处理外侨问题上更为严格'。"但是，与此同时，业余拳击协会取消了本年度在温布利泳池的比赛，这个地方现在已经成了"难民中心"。《新闻纪事报》还有一篇文章："答复希特勒：波兰难民儿童在英格兰接受照顾。"接着是一出（爱德华式的）大戏："达德利夫人的脱险之旅。"*

---

* "最后一批从炮火攻击之下的布洛涅登船撤离的人员中，就有这位达德利老夫人，很多上了点年纪的读者都知道，她就是欢乐剧场的格蒂・米勒小姐。夫人当时正在勒图凯的别墅（伍德豪斯也在），春天她通常都在这里度过。她第一次登上舞台是 1892 年，在曼彻斯特的圣詹姆斯剧院，扮演哑剧中的女婴。"再来对比一下奥威尔 5 月 30 日对这段插曲的描述："康诺利说，最近有一艘船要从法国北部起航，船上乘坐的是难民和少数普通乘客。难民主要是儿童，状况非常糟糕，曾遭受机关枪扫射，等等。普通乘客中就有夫人——她试图挤到队伍的最前头，以便登船，被喝令退回去时，她愤怒地问：'你知道我是谁吗？'乘务员说：'我才不管你是谁呢，臭婊子。你可以回去排队。'如果这是真的，那倒有些意思。"（《乔治・奥威尔随笔、报刊文章及书信选集》，2:341）

◆ ◆ ◆

事情发展到这一刻，似乎有必要对当时外国观察者，包括外国难民的感受做个简短而且肯定不完整的调查。当然，他们的感受并不能准确地描述 5 月 28 日这一天的情形；这些感受讲的是 5 月的最后一周中这些人对英国社会氛围的反应；我快速浏览了我所收集到的这个时期公开发表的新闻报道、回忆录以及外国大使和使臣的其他文集。这些人比派驻伦敦的外国新闻工作者消息更为灵通；这段时间那些记者的报道也不怎么有趣。我们必须注意一点，这些身居高位的观察者，他们的感想通常很有价值。（这一做法可以回溯至 16 世纪威尼斯共和国使臣们的教导和成就，有人告诉他们，他们认真思考后的意见甚至比实际的谈判行为更为重要。）

总的来说，派任伦敦的大部分大使和使臣都是亲英派；其中很多人对新组成的丘吉尔内阁表示同情。就我们已经看到的，唯一的例外是美国大使约瑟夫 · P. 肯尼迪（这个任命是罗斯福的一大败笔，他还以为把一名爱尔兰裔美国政治家派到伦敦是一篇政治杰作呢）。从那儿之后，关于肯尼迪的文献非常多，所以我们可以比较容易地对他的思想倾向做个总结。他憎恶丘吉尔；他认为，大英帝国及英国社会的结构都陈腐过时到了无可救药的地步；他相信，纳粹主义和法西斯主义，以及德国和意大利，都远比社会主义和苏联更为可取，更确切地说，它们可以成为对抗苏联的壁垒。总而言之，在1940年的5月（以及此后一段时间里），肯尼迪鼓吹失败主义政策；但是，后来罗斯福（哈利法克斯和外交部也一样）知道了这一点，这就解释了为什么肯尼迪的私人消息在罗斯福面前起不了什么作用。* 法国大使夏尔 · 科尔班（Charles Corbin）极度悲观，他明白伦敦和巴黎之间的纽带正在逐渐绽裂；他发给法国政府的电文几乎全部都是这方面的内容，很少提到他对英国士气和民意的看法。† 而意大利大使巴斯蒂亚尼尼则感觉被撕成了两半，一边是长期以来形成的对墨索里尼的忠诚，另一边是他对哈利法克斯所做努力的同情——或者，更准确地说，他简直如履薄冰。但是，到了5月28日，他知道，罗马已经下定了参战的决心。尽管如此，三天后他发给罗马的电文中，还是对英国士气进行了这样颇有洞见的描述：一周来，士气第一次有了明显“上升”。‡ 苏联大使是伊万 · 麦斯基（Ivan Maisky），这个家伙很狡猾，他已经花了一段时间与丘吉尔及其支持者们建立联系，丘吉尔派觉得他这么做是因为他的亲英倾向，其实这个判断没什么道理——他在这段时间发给克里姆林宫的电文中从来没有表现出任何亲英的情绪。加拿大派驻英国政府的

---

* 但是，丘吉尔和罗斯福都很清楚肯尼迪的政治影响力，这也解释了为什么他们继续通过伦敦的美国大使馆传递书信，并时不时地在其中说上几句肯尼迪的好话。他们希望避免让他产生这样的感觉——他们不信任他，所以要绕开他。但是，随着夏天的到来，肯尼迪已经知道他被绕过去了，他伤心地跟罗斯福抱怨了一番。10月，他回到美国，然后就辞职了。

† 他的一名手下，外交官兼作家保罗 • 莫朗（Paul Morand）对英国抵抗及存活能力的估计非常保守。他之所以被派驻伦敦，是因为他英语方面的知识以及对英国事务的了解无可挑剔。这位人物温文尔雅，最初亲英倾向非常明显，但是，到了20世纪30年代，他发现，早期英国所具有的品质和素质即便不说已经堕落，也在走下坡路，这让他逐渐深感失望。法国休战之后，他加入了贝当政权，最后做到维希政府驻罗马尼亚公使。

‡ 《意大利外交文件》，系列9，卷4，522页。

大使是阿尔瓦公爵（Duke of Alba），这是一位有着古老英国血统的贵族。1940 年 5 月间，阿尔瓦对丘吉尔的同情尚不明显，但是，就他的情况而言，他和当时其他一些西班牙外交官不一样，他对德国完全没有任何同情。到了 5 月底，丹麦和比利时的两位公使处境非常困难，前者所代表的政府现在仍处于德国控制之下，后者［贾尔牒 · 德 · 马尔希耶那（Cartier de Marchienne），来自另一个时代的老牌外交官］面临恐怖的两难选择：到底是要忠于他的国王，还是要忠于比利时政府？政府已经迁往法国，并发通告废除了国王的投降协定。波兰公使爱德华 · 拉琴斯基伯爵（Count Edward Raczynski）很坚决，很了不起。在中立国中，瑞典公使［比约恩 · 普里茨（Bjorn Prytz）］和匈牙利公使［捷尔吉 · 鲍尔曹（Gyorgy Barcza）］不但亲英，更是被丘吉尔深深折服，而且，其他外国观察者们也和他们一样，为英国人民的自控与爱国主义所折服，让他们折服的也包括英国的上流社会。在过去的十天里，上流社会已经接受了对个人自由的严格限制，甚至政府还更大限度地征用他们在海外的资产和投资以及他们的大部分应税收入，这些人一句怨言也没有。

1940 年 5 月底的这些日子里，英国庇护了超过 10 万名难民，更多的还在从法国涌来。我们已经注意到，民意对外国人士表现出了较大的、普遍的怀疑。这一点，再加上大家普遍对可能出现的间谍及所谓的第五纵队的担忧，促使政府做出决定，把从德国、奥地利和捷克斯洛伐克过来的难民抓起来，软禁在英国属地曼岛。对于最近刚刚到达或者快要到达的荷兰和比利时难民，现在还要加上法国难民，并没有采取这种措施：从敦刻尔克撤退下来的法国士兵受到了政府和民众的热情接待。这些法国士兵中，有一个就是杰出的法国历史学家马克·布洛赫（Marc Bloch），他属于最早一批从敦刻尔克撤退到英国的人，对英国人的镇静、果决和秩序印象极为深刻，特别是在法国军官稀里糊涂、优柔寡断的映衬之下。几天后，他乘船返回法国继续参战，遇上了好几位这样的军官。中欧难民中很多是犹太人，他们的回忆有点儿支离破碎，对于 1940 年 5 月英国给他们留下的印象，他们讲得很少：他们在担心自己的未来，当然，这非常正常，而收留他们的东道主时而表现得冷漠，让他们又困惑、又沮丧。和多数其他人的情况一样，他们对那个夏天晚些时候的英国的回忆，尤其是对伦敦空袭的回忆，内容要更为丰富，有时还颇具启发性。

◆ ◆ ◆

5 月 28 日这一天，消息略微灵通的人士都还沉浸在对敦刻尔克的悲观中。那天上午，亚历山大·卡多根出席了战时内阁会议。当天稍晚时候，他在日记中写道："英国远征军的前景比以往更加暗淡。可怕的日子！"* 戈特的参谋长波纳尔将军对德国人的相对谨慎有一些很有趣的思考："确实，我们还不需要承受别人已经承受的

---

* 卡多根，《日记》，291 页。

负担，也没有经历他们所经历过的攻击，德国人在遇上我们的时候突然***停下***，试图去别的地方赢取胜利，这完全是一种偶然吗？那些地方可能防守上有缺口，或者是由我们的某一支盟军部队在防守。”* 四年之后，波纳尔将军感觉必须把这些文字写下来：“我永远也忘不了 1940 年 5 月黑色两星期中我的感受，当时，英国远征军看起来似乎难逃全军被俘或全军覆没的命运。我仍想不明白，我们是怎么避免了那样的命运。”†

丘吉尔自己也觉得，最多不过有 5 万名官兵能够登船离开敦刻尔克。那天早晨，他起草了一道非常严厉的命令，标成“绝密”：“在这些黑暗的日子里，如果政府中所有同僚及重要官员可以在自身周围保持高昂的士气，首相将不胜感激。不是说我们要对事态的严重性来一番轻描淡写，而是要对我们的能力表现出自信，要有坚定不移、继续作战的决心，直到彻底粉碎敌人妄图统治整个欧洲的野心。我们不能容许法国单独媾和的想法；不过，无论欧洲大陆上发生什么，我们都不能对自己的责任有任何怀疑，我们一定要竭尽全力，保卫本岛，保卫大英帝国，保卫我们的事业”。‡ 那天一大早，丘吉尔也通知了伊斯梅将军。关于其他事情，他这样写道：“如果法国在意大利宣战后仍是我们的盟友，那么，有一件事就颇值得一做：联合舰队从地中海的两端发起行动，应该可以形成对意大利的有效进攻……不应该接受地中海舰队司令 [安德鲁 · 布朗 · 坎

---

* 波纳尔，《日记》1：352 页。

† 1944 年 4 月 1 日，在遥远的缅甸，他写下了这些文字。（同前，2：158 页）

‡ 丘吉尔，《最光辉的时刻》，91—92 页。

“丘吉尔自己也觉得，最多不过有 5 万名官兵能够登船离开敦刻尔克……” 英国远征军安然回家，一大群戴头盔的人与成千上万人一起，回到英格兰。

宁安（Andrew Browne Cunningham）]所考虑的完全防守战术……各战区都到了紧要关头，在这样的节骨眼上，必须要冒一冒险。我认为，海军部应该已经就法国一旦转为中立做出了计划。”*

丘吉尔的对手希特勒是不是对他在战时内阁面对哈利法克斯所遭遇的困难有所耳闻，我们无从得知，但希特勒仍然认为并且希望英国人能够如他所说，有所醒悟。那天早晨，英国驻日本大使罗伯特·克雷吉爵士（Sir Robert Craigie）发来一封重要电报，呈送给了战时内阁。前一天午餐时，大使遇到日本外相，后者提出和他“私下聊聊”：“他问我，我是否觉得德国不会很快发出更多的媾和提议……我想（日本外相）提出来聊一聊，其实是专门传递上述信息的，他肯定是通过某些德国方面的途径得知的。我想鼓励他透露更多的机密，”克雷吉写道，“但是，我不想问得太深，不想问具体条件都是（什么）性质的，我担心这样问会让他以为我们愿意听从他们的安排。”†

战时内阁 11：30 开了个会，主要问题还是比利时的投降。（与法国报界以及大部分英国报纸不同的是，丘吉尔并没有对利奥波德国王进行尖锐的声讨：“毫无疑问，历史会对国王提出批判，因为他把我们和法国都卷进了比利时的毁灭中。但是我们并没有资格去评判他。”）接着，信息大臣达夫·库柏强烈要求“坦陈英国远征军所处的绝境”。他担心，如果不公布实情，公众的信心会发生很大

* CA 20 / 13。

† FO 371 / 24407。

动摇，本国人民可能不愿意接受政府的保证，不相信我们一定能取得最后的胜利。丘吉尔说，当天下午，他会在下议院发表讲话，谈谈敦刻尔克及其周围正在发生的情况。但是，他补充说："在目前这个阶段，试图去预测这次行动能否成功毫无意义。"*

接着，丘吉尔和张伯伦进行了单独谈话——这次谈话至关重要。他问张伯伦，后者是否同意邀请劳合·乔治入阁。他们两人都知道，简而言之，劳合·乔治是失败主义论者；而且就在几年前，他提到希特勒的时候，还赞不绝口；几个月前他在议会中还公开声称，必须要认真考虑希特勒的媾和条件。† 丘张二人都很清楚，劳合·乔治讨厌张伯伦——这也是为什么出于忠诚，丘吉尔必须得先问问张伯伦的意见。这是丘吉尔第二次给劳合·乔治写信。（我们前边提到，5 月 13 日，丘吉尔曾请劳合来做农业大臣。）现在，丘吉尔再度给劳合写信，同时，他提出了一个条件，战时内阁全体成员，包括张伯伦，必须在邀请问题上意见一致。第二天，这封信送了出去。‡ 劳合·乔治拒绝了邀请。他不愿跟张伯伦共事。当然，丘吉尔的主要目的不仅是要提高民族自信，也要增强民族团结。但这个问题的背后还有一个问题：如果发生万一……会出现万一吗？丘吉尔的政治修养让他也想到了这个问题。

---

* CAB 65 / 7，WM 144。

† 1936 年见过希特勒之后，他把《我的奋斗》（*Mein Kampf*）比作《大宪章》，称希特勒是德国的"救赎与出路"。（罗伯茨，《神圣的狐狸》，69 页）

‡《劳合·乔治文集》，上院图书馆，G / 4 / 5 / 48。6 月，劳合·乔治对秘书说，他不打算"跟这伙人为伍。变化会出现的。这个国家还没意识到其所处的危险"。6 月 6 日，询问过张伯伦和哈利法克斯的意见之后，丘吉尔又再次做出努力。但是，再度遭到了劳合·乔治的拒绝。

他回到海军部大楼，并在那里用了简单的午餐。他已经准备好要对下议院发表简短讲话。他有一个星期没去过下议院了，但是，他觉得，现在必须要就战争的形势进行这样一场讲话。他给下院议员讲了比利时投降的细节。这次，他同样（经过一些斟酌之后）没有攻击比利时国王：“我无意暗示下院，在这样的时刻，我们应该（对他）做出评判。”但是，自打迁到法国，比利时政府就与国王一刀两断了，他们宣布继续参战。关于这一点，丘吉尔说：“不管基于所了解到的事实我们感受如何，我们都必须牢记，无论是已经沦陷在侵略者铁蹄之下的，还是仍然在与之抗衡的，当我们结束目前正在经历的艰苦岁月之后，各民族间兄弟情谊的重要性就会体现出来。”然后，他又回过头来讲每个人都关心的问题——敦刻尔克的英国军队：“军队斗志昂扬，正在以最大的纪律和毅力坚持战斗。当然，关于他们在皇家海军和皇家空军的协助下所进行的一切，我不会透露任何细节。当目前正在激烈进行的战斗有了结果，可以进行衡量之后，我希望对下议院做一次讲话，讲一下大概局面。恐怕这最早也要等到下周初了。”（确实如此：他再次出现在下议院是在 6 月 4 日，敦刻尔克这一章已经翻过去了。这是他第二次进行让人难以忘怀的演讲，开场就是让人热血沸腾的段落：“我们将在海滩上战斗下去……”）现在，他以完美的丘吉尔式激励结束了这次讲话：

> 与此同时，下议院应该准备好迎接沉重的坏消息。我只想补充一点：在这次战役中，无论发生什么样的事情，都不会让

我们放弃誓死保卫世界正义事业的责任，也不会摧毁我们勇往直前的信念和力量。正如历史上很多关键时刻一样，我们有力量冲破重重灾难和困苦，直至最终击败敌人。

丘吉尔的讲话相对比较短。对于这次讲话只有两个人做出了评论，一个是工党成员 H. B. 利斯 – 史密斯（H. B. Lees-Smith）：“既然他下周还要发表讲话，现在根本不是进行讨论的时候。因此，我只想讲一点。无论接下来的几天、几周、几个月，他要告诉我们的是什么，我们都还没触到这个国家决心的底线。”另一个做出评论的是自由党议员珀西 · 哈里斯爵士（Sir Percy Harris）：“我只想说，首相凝重的发言不但反映了整个下议院的感受，也表达了整个国家的心情。”* 话说得很好听，也不能说华而不实；但说到“整个下议院的感受”，可能我们需要注意的是，保守党议员没有一人发言。无论如何，工党议员的话让丘吉尔颇受鼓舞：“我们还没触到这个国家决心的底线呢。”

但是，这根本“不是进行讨论的时候”吗？在下议院，当然还不是时候；但是，还有战时内阁和哈利法克斯呢。丘吉尔已经要求战时内阁在下议院的一个房间开会，他说，这是为了方便起见。这当然确实方便，但他还有其他考虑。现在他就过去开会，战时内阁会议在 4 点开始。斯时斯地，哈利法克斯和丘吉尔之间又爆发了新的战争。

---

* 英国议会议事录，1940 年 5 月 28 日。

外交大臣说，现在罗伯特·范西塔特爵士*已经发现意大利大使馆在想什么了，也就是说，我们应该清楚地表明，我们愿意见到意大利从中斡旋。

首相说，很显然，法国人的目的是要看到墨索里尼先生做我们和希特勒先生的中间人。他决心已下，坚决不能走入这样的局面。

外交大臣说，星期天和雷诺先生讨论的方案是这样的：我们应该说我们已经准备好为独立决一死战；但是，如果这一点有了保障，我们愿意对意大利做出某些让步。

首相认为，法国人在试图拉着我们一起走下坡路。如果德国侵略我国的企图失败，局面就会完全不一样……

外交大臣说，我们一定不能忽略这样一个事实，现在法国还没有退出战争、我们的飞机制造厂还没有被炸毁，我们能拿到比三个月以后更好的媾和条件。

提到了目前仍在研究中的、对抗夜袭的各种可能方案。

然后首相宣读了一份草案，表达了他的观点。对他来说，关键的一点是雷诺先生想让我们和希特勒先生坐到谈判桌前。一旦坐到这张桌前，我们就会发现，对方提供的条件会触及我们的独立和统一。到了这个时候，如果我们想站起来离开谈判桌，我们就会发现，现在我们所拥有的所有决定性力量，到那

* 提起范西塔特的名字，这可能是哈利法克斯的老谋深算。确实，范西塔特和意大利人关系一直不错，而且这种关系在 1940 年之前很长时间就开始了。同时，他是个出了名的极端反德派。

一刻已经全部消失。雷诺先生曾经说过，如果他能够保住法国的独立，他会继续战斗。因此，很明显，雷诺先生的目的是结束这场战争。*

外交大臣说，雷诺先生还希望盟国对美国总统发起呼吁。

首相认为，可以在枢密院院长（张伯伦）大致列出的草案中加上一段话，大意是原则上我们愿意参与这一呼吁。

不管部大臣（格林伍德）认为，雷诺先生太喜欢发起各种呼吁，这也是另外一种跑路的企图。

首相说，他回到这一点上来：法国想跳出战团，但不想违背他们对我们负有的盟约义务。而墨索里尼先生呢，如果他作为调停者参与进来，他就会想从我们这边吃掉他那一块。无法想象，希特勒先生会蠢到允许我们继续重整军备。实际上，他的条件会让我们任由他来摆布。如果我们继续战斗，就算战败，我们得到的条件也不会比现在他们开给我们的更糟糕。但是，如果我们继续战斗，德国进攻我们，毫无疑问，我们会蒙受一些损失，但他们也会损失惨重。他们的石油供应可能会减少。也许到了某一刻，我们会觉得，需要给战争画个句号了，但那时候我们所能拿到的条件不会比现在摆在我们面前的更要命。

外交大臣说，他仍不明白，法国提出试一试斡旋，这个建议中到底有什么让首相觉得那么不对劲。

---

* 这并没有那么“明显”，而且对雷诺也不公平。

枢密院院长（张伯伦）说，平心而论，无论如何，继续战斗之外的选择总有相当大赌博的成分在里边，应该记住这一点。战时内阁同意，这是对情况的真实阐述。

首相说，那些继续战斗的国家重新站起来了，但那些温顺投降的已经完了。

不管部大臣（格林伍德）说，我们走的任何路线都伴随着极大的危险。抵抗的路线当然是一种博弈，但他觉得，还没到最后投降的时候。

外交大臣说，他提出的建议里，没有任何能跟最后投降沾上一点边的内容。

首相认为，目前，德国会给我们开出体面条件的可能性，不及千分之一。*

现在是5点钟。就是在这一刻，丘吉尔发动了有些人所谓的“政变”。他请战时内阁暂时休会，7点钟再继续开会。他已经安排了要对全体内阁成员（外围的内阁级大臣，而不是战时内阁中的5位成员）发表讲话。这次讲话就在他在下议院的办公室进行，时间大约是一小时。丘吉尔的决心深深地感动并影响了所有人。我们在这本书的开头已经提到了丘吉尔对此事的回忆，以及休·道尔顿的描述。丘吉尔的这篇演讲中，起决定作用的部分出现在最后。丘吉

* CAB 65 / 13，WM 145。

尔承认（如果可以这么说的话），他一直在考虑“他的责任是否包括考虑议和”，向希特勒议和。但是，丘吉尔的总结陈词是这样说的：“有人可能会想，与其继续战斗，一决胜负，我们不如现在就谋求和平，这样或许可以从德国人手上拿到更好的条件。这种想法毫无意义。德国人会想要我们的舰队——他们会称之为‘裁军’，他们还会想要我们的海军基地，以及其他更多的东西。我们会变成一个奴隶属国，当然，他们会设立一个英国政府，这个政府会成为希特勒的傀儡——‘由莫斯利或其他类似人物来领导’。这样下去，我们的结局会怎样？”赫伯特·莫里森（Herbert Morrison）是位工党大臣，他“问及内阁撤退的问题，希望不要仓促行事。首相说当然不会，他是全然反对撤离的，除非伦敦的情况确实糟到无法维持，但是‘更多的炸弹可不足以让我们走开’”。*

有人认为，丘吉尔把长时间以来支持他的大臣们召集起来，开这样的一个会，是准备了一场政变，有两个方面的考虑可以对这种解读做出反驳。当时，他已经有一个多星期没有见过其中大部分人，在这样的时候，他对全体内阁成员发表讲话，是恰当的做法。更重要的是，外围的内阁级大臣有大约 29 或 30 名，其中至少有十来个（也许更多）是保守党大臣，是从上一任张伯伦内阁延续下来的。内

---

* 道尔顿日记，见第一章。关于丘吉尔的发言，我们还有另外一个版本，出现在利奥·埃莫里（Leo Amery）的日记中：“温斯顿像演戏一样很清楚地给我们讲了整件事情，对于目前的大难、以及德军成功踏上巴黎或法国投降后随之而来的灾难，都绝没有一点儿隐瞒。”（在手写加上去的脚注中，埃莫里写道：“他告诉我们，他觉得能从敦刻尔克撤回来的人数量不会超过 5 万。”）“有一点他很清楚，如果在这个时候向意大利或德国这两个企图毁掉我们的强权表示让步，简直没有比这更蠢的事情了。在我们扭转局面之前，除了决一死战，我们没有任何其他的选择。”［埃莫里，《海湾帝国》（*The Empire at Bay*），619 页］

阁的新成员，以及丘吉尔的支持者，加起来也不过十多个。但是，根据道尔顿的回忆："没有人表示出哪怕一丁点的异议。"我们不知道，会议结束时，具体有谁、有多少人过去围住丘吉尔，拍他的背。这并不重要。丘吉尔不仅仅是大受鼓舞，现在，他知道，他终于搞定了。

其他大臣散开之后不到一小时，丘吉尔回到了战时内阁。最后一次会议 7 点开始。这次会议非常简短。丘吉尔告诉了各位阁员刚才其他大臣们的反应："他们并没有对法国的局面表示惊讶，但是，当我告诉他们我们绝对不会放弃努力时，大家表现出了最大的满意。我从来没听到过在政治生活中身居如此高位的人如此热烈地表达他们的想法。"

此时，哈利法克斯觉得，他没法再提出任何异议。他只提了提雷诺建议的对罗斯福发起呼吁。

丘吉尔觉得，目前向美国发起呼吁的时机还很不成熟。"如果我们英勇抵抗德国，这会让他们对我们充满钦佩与尊敬；但如果我们现在卑躬屈节地去恳求人家，效果恐怕是最差的。"因此，他不赞成目前在这个问题上有任何行动。*

事情就这样结束了。他击败了哈利法克斯。丘吉尔前往海军部大楼，8 点半他在海军部大楼用过晚餐，然后，在深夜起草了给雷诺的电报。他告诉雷诺，战时内阁已达成一致：没有理由现在就对

* CAB 65 / 13。

墨索里尼做出让步。*

事情就这样结束了。安德鲁·罗伯茨的表述非常恰当：“事实证明，丘吉尔的直觉是对的。哈利法克斯一直想用逻辑和理性来解决这个早就没有任何逻辑和理性可言的问题……有一点哈利法克斯是对的：如果死去的可能性大过光荣，那么持‘死去或光荣’的态度并没有特别的爱国之处，同样，试图以体面的方式早点结束一场英国显然已经落败的战争，也无叛国之虞。”† 关于哈利法克斯，能说的、该说的，也就这么多了。但是，事实证明，关于丘吉尔，可说的并不止这些。‡

---

* 不过，为了给雷诺一点儿小小的安慰：“……不排除某个时候可能会接触一下墨索里尼先生，但我们觉得现在还不合适。”（CAB 65 / 13。235 Dipp.，1940 年 5 月 28 日）但是，“英国人民现在斗志很坚决，这样做对士气会有危险的影响。局面要转变，就必须表现出我们坚定的决心和强烈的自信……如果我们两国都坚持到底，也许我们尚可避免丹麦或波兰的命运”。（贝尔，《某种不测情况》，17 页：CAB 65 / 13，WM 第 145 条结论）

† 罗伯茨，《神圣的狐狸》，226 页。

‡ “1942 年 10 月，奥姆·萨金特爵士给哈利法克斯写信，讨论在卢埃林·伍德沃爵士所修的、关于这场战争的官方历史中，应该怎样呈现 5 月 25 日到 28 日所发生的事情。哈利法克斯早在 1941 年 2 月就对此事表现出焦虑，他的回复一点儿都不坦诚，简直让人震惊。他坚持说，‘当时以及任何时候，英国政府显然从来都没有过要让墨索里尼就媾和条款在英国和德国之间进行斡旋的想法’，并且，他进一步暗示，无论是与巴斯蒂亚尼尼的谈话，还是后来内阁中的讨论，主题都只是意大利的中立态度，从来都没涉及过向德国进行斡旋……他含沙射影地指出，英国愿意给意大利提供的最大好处，是在管理苏伊士运河事务的公司董事会中给意大利一席之地。‘神圣的狐狸’能够听到猎狗的大声嘶吼，他们要毁掉他的名誉，但他只能放出最不堪一击的假消息。

并不是只有他一个人这样做。丘吉尔在《最光辉的时刻》中也写道：‘后世将觉得这一点特别值得注意，我们是否要继续孤军奋战这样一个决定性问题从来没有列上战时内阁的议事日程……我们太忙，没有时间浪费在这样纯理论的、不切实际的问题上。’实际上，后世会觉得，单就这个问题就召开了 5 次内阁会议（实际上是 9 次），有些会议甚至长达 4 个小时，这个事实同样值得注意。”（同前，227—228 页）

第七章

幸存

Chapter Seven

Survival

战争的长远视角。——敦刻尔克的意义。——“到了面对现实的时候了。”——哈利法克斯归来。——过时的英国。——丘吉尔与欧洲。——最强音。

历史学家总是忍不住夸大他们的研究话题或主题的重要性。正是出于这个原因，我感觉很有必要在此处讲一讲我的理由。如果希特勒打赢了第二次世界大战，现今我们所处的世界应该会很不一样。这一点毋庸置疑。值得讨论的是1940年5月24—28日，伦敦这5个日夜的决定性意义。如果德国在不列颠空战中取得了胜利，情况会怎样？如果希特勒占领了莫斯科，情况又会怎样？如果他打赢了斯大林格勒一役呢？如果诺曼底登陆失败，会发生什么情况？这些事件中，任何一件都可能改变“二战”的进程。但是，我的看法是，希特勒最接近最终胜利的一刻，是1940年5月的这5个日子。这一点，我需要简要地解释一下。

不列颠空战***确实***非常重要，但是，它对整个“二战”的结果并不能起到决定性作用。如果皇家空军失利，德军在英格兰登陆会容易一些，但成功侵占英格兰仍是一件相当困难的事情。希特勒对此非常清楚：一开始，他就不太情愿命令德军发起空袭，空袭开始后不久（8月14日），他已经意识到，这起不了决定性作用。有一点是1940年的时候人们所不知道，但后来我们逐渐了解到的，那就是：没有哪个大国可以完全靠空战来征服。而且，在不列颠之战开始前，罗斯福就已经决定，美国将越来越紧密地与英国站在一起。

就算希特勒占领了莫斯科，或迫使斯大林寻求苏联方面的某种投降协定，也绝没有任何迹象表明，英国（以及美国）不会继续打下去。如果德军占领斯大林格勒，情况也是一样。

如果1944年6月诺曼底登陆失败，也许希特勒和斯大林会试图达成某种协定；也许后来就不可能发生再次企图侵略西欧的局面；但是，这根本不能成为理由，让我们相信，英美联军会就此放弃抗击第三帝国的决心。

所有这些听起来可能都太乐观了，靠的都是所谓的后见之明。但是，有一个非常关键的条件，或曰警示，与本书的主题密切相关。就算希特勒在莫斯科、斯大林格勒抑或诺曼底获得了胜利，他也不会赢得***他的***战争。但是，他可能就此无可战胜。这两件事并不能等同起来。他的目的是要称霸欧洲，要主宰苏联在欧洲的大部分领土——由此促使或迫使英国、苏联和美国接受德国在第二次世界大战中取得这样的胜利。但是，最迟在1941年的11月，希特勒已经明白，这再无可能。因此，他的策略变成了"腓特烈式的"，让人回想起腓特烈大帝：要赢得足够的胜利，破坏敌人之间的非自然联盟——英美与苏联，资本主义者与共产主义者，丘吉尔与罗斯福及斯大林，如此就可以迫使其中的一两个来和他结交。这样的情况并没有出现。但是，这种情况是有可能出现的。退一步说，如果他在苏联取得了胜利，如果他在诺曼底海滩上取得了胜利，丘吉尔和罗斯福的处境就会非常艰难。这就是希特勒对这场战争的认识，这样的认识并非毫无道理。击败苏联*，在海滩上击败英美联军，不但意味着后者将不得不重新考虑他们的全盘战略，还可能会激起英国民众对某些领袖相当强烈的反对，美国人的反应没准会尤其强烈。这些领袖们曾经宣称，对战德国，除了完全彻底的胜利，他们不做他想，也就是说，只接受德国无条件投降。总而言之，希特勒本来可以将对手逼入一种类似平局的局面。

所有这些都是推测，但并不是凭空推测。我觉得有必要在此处对这一切进行简要描述，并由此证明，挡住了希特勒胜利之路的那个人，是丘吉尔。1940 年 5 月，无论是苏联还是美国，都没有与德国开战。当时，英国政府***有***理由至少确认是否存在暂时与希特勒达成妥协的可能。丘吉尔考虑过，说了“不”。他认为，即便只是很谨慎地迈出最初几步，也意味着走上一滑到底的下坡路。他是对的，而且不仅仅是在道德层面上。如果 1940 年 5 月英国停止战斗，希特勒就已经打赢了***他***的战争。因此，1940 年 5 月的那 5 个日子，是他距离胜利最接近的时候。谢天谢地，他并没有认识到这一点。他以为，迟早（最好是早）丘吉尔会被迫下台。在这一点上希特勒判断失误，因为丘吉尔占了上风。这里我必须重复一下我在本书第一页就讲过的话：丘吉尔和英国无法赢得第二次世界大战；最后，美国和苏联做到了。但是，1940 年 5 月，

* 很多人可能会说：“至少打败了共产主义，这是件特别糟糕的事情吗？”

没把这场战争***输掉***的那个人，是丘吉尔。*

这可以解释很多东西，也许可以解释一切——包括敦刻尔克的救赎（如果真的是救赎的话），甚至包括不列颠之战。我们是 5 月那些日子里幸存下来的最后一代人，我们也不了解这一点。今天，很多人仍不了解这一点，这就是我要写这本书的原因。我马上就要回到敦刻尔克的话题上。但是，回想一下，迟至 5 月 28 日，尚没有几支军队能从敦刻尔克撤离；而且，更重要的是，丘吉尔已经宣布，***无论***敦刻尔克发生什么，英国都将战斗下去。接下来敦刻尔克发生的一切巩固了他的地位；但是，重要的是他的决心。

5 月 29 日星期三，丘吉尔的家庭习惯回归正常。† 他的新秘书约翰 · 科尔维在日记中写道："温斯顿无休无止地勤奋工作，让人动容。"其中红衣主教欣斯利一封措辞强硬的信给了丘吉尔很大鼓舞。欣斯利是英格兰罗马天主教会的大主教，他在信中写道："红衣主教精力充沛、坚强不屈，如果他向海岸另一边的同胞们明确表示，无论发生什么，我们都要坚持到底，我看不出来这有什么不好的地

---

* 这里我必须对几乎总是无懈可击而且通常表现得才华横溢的安德鲁 · 罗伯茨提出质疑，关于他为哈利法克斯所作传记的结论："人们总是重复断言，如果当初成为首相的是哈利法克斯而不是丘吉尔，'我们可能已经输了这场战争'，这个说法不但夸张，而且毫无根据。即便是由哈利法克斯来提供政治方面的领导，丘吉尔仍可以负责操作层面。也许历史上就不会有唐宁街 10 号发表的鼓舞士气的演讲，哈利法克斯会降至'荣誉'首相的地位，但英国最终不会输掉这场战争。"（罗伯茨，《神圣的狐狸》，308 页）对这一点，我不敢肯定。

† 记录表明，他请海军大臣 A. V. 亚历山大一起吃午餐。下午，申请另一个女仆职位的人接受面试。第二天晚上，他邀请张伯伦及夫人共进晚餐。这一天还收到了财政部发来的一张手写便条，是对丘吉尔的回复。他曾询问他作为首相的工资有多少，包括所得税的减免。应该是 1737 英镑 12 先令 7 便士（丘吉尔日记，CA）。

也是在这一天，丘吉尔开始往一些命令上粘贴小纸条，这些小纸条后来非常出名，上边写着"今日行动"。

方。”* 敦刻尔克不断传来新的消息，这也给了丘吉尔很大鼓励。现在，我们将最后一次把目光投向敦刻尔克。

◆ ◆ ◆

敦刻尔克的转折点发生在 5 月 29 日星期三那一天。那天早晨，戈特仍认为，继续撤退也许已经不太可能，但是，在这一天当中，前景渐渐明朗起来。在这一个昼夜中，超过 4.7 万名人员从敦刻尔克的防波堤和海滩离开，这个数字几乎是前一天的三倍。（5 月 30 日，将有 5.38 万人离开，5 月 31 日 6.8 万人，6 月 1 日 6.44 万人；从那天以后，剩下的 3 天中，每天撤退的人数减至 2.6 万。直到 5 月 31 日，由英国军舰运走的法国军士的人数才有明显上升，接下来则由丘吉尔直接下令。到 6 月 4 日结束的时候，总计 338226 人，其中法国人超过 12.5 万人。）5 月 29 日，德国空军的轰炸非常猛烈；此外，德军已经推进到距敦刻尔克相当近的位置，他们的野战火炮已经开始炮轰这个小镇，轰炸不仅来自南方，也来自西部。士气低落的丑恶场景不止三两处，包括英国人和法国人因为误会引发的冲突，但是总的来说还是保持了足够的纪律和组织，在这样频繁撤退的情况下这已经很不容易，更何况海滩上的局面简直前所未有，随时处于混乱状态。特别是沿着外围防线，法国军队和英国军队一样

* PREM 4 / 22 / 3。

投入战斗。* 这一天结束的时候丘吉尔显得过于乐观，他给斯皮尔斯发了电报，让他转告雷诺：大约 5 万人已经撤退，“希望今夜还可以再撤出 3 万人。前线随时随地可能会被突破，空袭导致海滩和船舶无法使用，西南方向还有炮火。谁都说不准目前的好势头能持续多久，也说不准将来我们能救出多少人。我们希望，法国军队能以最大的可能参与到撤退中来”。

“前线可能会被突破……”丘吉尔开始逐渐意识到，德军非常谨慎，他们没有向敦刻尔克城区直接发起进攻。5 月 31 日，费多尔 · 冯 · 博克将军（General Fedor von Bock）在日记中写道，“最后我们到达敦刻尔克的时候，（英国人）都该走光了！”他倾向这个责任要由伦德施泰特来负；他认为，伦氏不想动用自己的装甲部队，对希特勒施加了影响。也许伦将军和元首之间的影响是相互的。6 月 2 日丘吉尔有一份给三军参谋长的备忘，其中暗示他认识到了这样一些问题：回归英国怀抱的这些队伍，“他们的勇气（德国人）已经考验过了，在这些人面前，德国人有些退缩，不敢对他们的离开造成严重干扰”。† 同一天，艾恩赛德在日记中写道：“我仍然无法理解，这些德国佬（Bosches）（原文如此）怎么能允许我们以这样的方式把英国远征军救出来。我们居然在炮火和枪声中做成了这件

* 那天早晨伊斯梅将军在战时内阁发言：“法国人不想撤退，但戈特勋爵强迫他们回来，因为英国人不能等着他们。”（CAB 65 / 13，WM 146）

† 丘吉尔致伊斯梅，CA 20.13。后来，在一封写给自治领诸位首脑、关于敦刻尔克上空空战的信中，丘吉尔写道，敦刻尔克有点儿像真空地带。

事，这简直不可思议”。*

希特勒是个神秘的家伙。我们永远不会知道，5 月 24 日，他究竟出于什么目的（更别提动机了）下达了停止前进的命令，宁愿让围攻敦刻尔克的行动取决于戈尔的空军。我们注意到，后来，在他自己的圈子内部，他给出了几种解释——或者，更准确地说，他给出了几种理由。最后一次出现在 1945 年，战争结束之前。他说，他给了丘吉尔一个“公平的机会”，后者显然并无感激。这当然是一种文过饰非的说法。† 希特勒也许会直言不讳，但他并不诚实。5 月 31 日，他写信给墨索里尼，后者告诉他，意大利将于 6 月 5 日加入战团，而他只字未提希望对英国施加什么样的影响。恰恰相反，他说英国人在佛兰德斯被彻底歼灭：“只有极少数战败者……到达英国海滩。”他还请求墨索里尼将意大利参战的时间推迟几天。‡ 他希望能独自赢得胜利。

丘吉尔没那么神秘，也更诚实一些。“挺过了对其领导能力最严峻的挑战之后，”我在《对决》一书中写道：“又让英国在敦刻尔克免遭惨败，他的决心（而不是他的自信，可能）和以往一样坚定，甚至更为坚定”——而希特勒则是“自信比决心更为强大。他仍在猜测英国人会怎么做。”5 月 28 日晚，在比利时国王决定向希特勒

* “这让我想到一个事实：德国佬也同样可以冒着炮火让人在英国登陆。如果德国有海军的话，他们可能就阻挠了我们起程。他们的潜艇当时在干什么？”（《艾恩赛德日记》）

† 他的第一次文饰出现在 6 月 2 日，由哈尔德将军在希特勒司令部的代表记录下来：“意大利和德国存在着轻微的差别。意大利的主要对手变成了英格兰。德国的主要对手则是法国”，而且英国人很快就会准备接受“合理的和平结局”。（哈尔德的战时日记，引自卢卡斯，《对决》，105 页）

‡《意大利外交文件，1939—1943》，系列 9，卷 4，520 页。

投降之后，丘吉尔致电凯斯：“我们能为他做些什么？……我们唯一的希望就是胜利，无论发生什么，英格兰都不会退出战场，***直到希特勒战败或我们作为一个国家不复存在***。”[*]（斜体是我加上去的）丘吉尔挺过了哈利法克斯的挑战。但是他真正的对手并不是哈利法克斯，而是希特勒。也许他的双手暂时脱去束缚，可以随意施为。但是，人的双手可以随意施为，手臂却可能不够有力。丘吉尔深知这一点。现在他脑子里想的都是这个问题：德国会不会在占领法国之前就开始攻打英国？他觉得不会；这个判断是正确的。但是，他以为，或者，更准确地说，他希望法国可以在法国的某个地方继续拖住德国人，不管在哪儿都行，这个想法却错了。这样的事情是不会发生的。他仍做好了最坏的准备。佐证之一就出现在 5 月 29 日。这是非常忙碌的一天，他给伊斯梅将军发了一份详细的备忘。对于需要在英格兰重组军队，他显得有些急躁，提出了详细、激进的计划，用四个简短的段落进行了总结。[†]

这一天战时内阁并没有发生太多具有重大意义的事情。大家就给身处敦刻尔克的戈特下达什么指令以及挪威北部纳尔维克的撤退进行了长时间的讨论。哈利法克斯只发了一次言：“他对于（给戈特）下达非常明确的指令不太满意。他同意，残酷的战争必须继续进行，但是，他希望可以致电戈特勋爵，表达一下英国政府对他的

---

* 在 6 月 4 日的伟大演说中，丘吉尔对利奥波德三世不像 5 月 28 日那样不带一丝成见。（《曼彻斯特卫报》的伦敦通讯员在 5 月 30 日写道：“有一种大度的冲动出人意料地普遍，要把利奥波德国王留给他自己的良心和历史去评判。”）

† PREM 3 / 22 / 13。

绝对信任，也表示信任他在不得已时可以采取任何他认为合适的行动。为了在大屠杀中救出一些人来而放弃战斗，这并没有任何可耻之处。”丘吉尔说，“在绝境之下，如果没有明确的、相反的命令，任何勇敢之士都可以运用自己的判断酌情处理，因此他不会修改给戈特勋爵的命令。我们的目标是要保证撤出每一个可能撤出的人，并最大限度地打击敌人。如果能够赢得一天的时间，也许这就意味着可以多撤出 4 万人。一位指挥官如果身处戈特勋爵目前所处的危急困境之下，则不应该让他在抵抗和投降之间进行艰难抉择。”* 这是丘吉尔和哈利法克斯最后一次在战时内阁公开发生冲突。

当时卡多根在场，他在日记中做了很凄凉的描述：“消息让人难受。我们已经撤出了 4 万人，现在正在以每小时 2000 人的速度撤离。但是结果会非常可怕。关于给戈特的命令进行了非常糟糕的讨论。丘吉尔有些夸张，跟斗牛犬似的。他遭到了（张伯伦和哈利法克斯的）反对，做出了适度的让步，担心关系会变得十分紧张。这是温斯顿的错……太夸张……”但是，两天以后：“到中午我们已经撤出了 16.4 万人——简直是个奇迹！”第二天：“11:30 内阁会议，撤退很精彩。”†

毫无疑问，敦刻尔克的最终结果对丘吉尔的威望来说是个巨大的福音。如果希特勒俘获该地的大部分军队，迫使他们投降，如此辉煌的希特勒式胜利，其光辉势必将在英伦三岛人民的头上投下阴

---

* CAB 65 / 13，WM146。

† 卡多根，《日记》，292 页、293 页。

影，将会有数十万英国人成为俘虏，这可能也会让丘吉尔的地位和前途蒙上阴影。但是，我们已经看到，他宣布，他要和英国一起继续奋战，无论敦刻尔克发生了什么；似乎大多数英国人都支持他。当法国最后沦陷时，也出现了类似的情况，他的领袖地位和威望并没有受到实质性影响。正如他早在6月4号就说过的那样："战争是不会靠撤退打赢的。"当时，他第一次与后来闻名世界的伯纳德·劳·蒙哥马利将军（General Bernard Law Montgomery）会面，后者非常气愤，居然那么多人把敦刻尔克看作一场胜利："他批评了发给部队的印有'敦刻尔克'字样的肩带。他们不是'英雄'。'如果无法理解'军队在敦刻尔克遭遇了惨败，那么'我们岛上的家园现在就处于极度危险之中'。"* 丘吉尔对事情的看法与蒙哥马利大致相同。他也很担心英国的士气。从那时起，很多人（当时也有一些人这么看）一直视敦刻尔克为一个谜。还有些人觉得它有点像1914年的马恩河战役（Battle of the Marne）。实际情况可能介乎两者之间。

无论如何，1940年5月29日，敦刻尔克的最终结果开始展现，而这仅仅是个开始。无论是战时内阁还是英国民众，都没有意识到这一点。后者的反应如同过去很多时候一样，落后于事情的进展。对于本书而言，因为并非军事史，重现民众的反应与概述敦刻尔克发生的情况同样重要，也许更为重要。

---

* 卢卡斯，《对决》，144页。

◆ ◆ ◆

我们已经看到，直到5月29日下午晚些时候，对于大多数封锁在敦刻尔克的部队能否获救，丘吉尔自己也没有信心。在英国民众当中，当天的民意和媒体都表现出了一种阴冷的悲观主义；他们花了两三天的时间才跟上事态的发展，才意识到从敦刻尔克传来的第一条让人振奋的消息。5月29日的报纸（要知道它们的大部分文字都是前一天晚上准备好的）也反映了这一点。5月29日《新闻纪事报》的头条文章比较有代表性：“到了面对现实、承认最糟糕的局面已经来临的时候了。随着比利时军队投降，英国远征军似乎被隔绝起来。从海上脱身的希望至为渺茫。从南方打开缺口的可能性同样显得遥不可及。”*《每日邮报》的头版标题是“英国远征军是如何陷入困境的。”相关文章由该报的英国远征军通讯员撰写，开头是这样的：“今天，英国远征军几乎陷入包围。这种极为严峻的处境是比利时军队投降所导致的。”很多报纸仍用大量的篇幅报道前一天的比利时新闻。《每日快报》：“我们必须把所有的愤怒都对准我们的敌人希特勒。”†《每日电讯报》的头条文章：“无视事实装腔作势于事无补。英国远征军以及与之在一起的

---

* “证券市场未见恐慌”。

† 声名远播的专栏作者威廉·希基（William Hickey）写道：“对英国人来说，利奥波德投降不但让他们不安，也同样让他们难以置信”；“在一家茶室，我听到一位女士哀怨地说：‘可他长得那么好看。’在一家昂贵的扒房，我听到一位男士说：‘这消息真是让我大吃一惊。他可是上过伊顿公学的。’”

法国几个师受到来自三个方向以及空中的围攻。所有这些部队都处于危险之中，与敦刻尔克的联系可能会被切断。”同一页上还有两篇赞美法国的文章：“防线冲破的灾难（比利时投降）所造成的影响，就是让决心更为坚定”；法国“英勇面对比利时投降的沉重打击……巴黎公众现在所表现出的坚忍，往往被认为是盎格鲁-撒克逊人所特有的。”（也许这不过是自壮其胆而已。但是，巴黎的士气确实直到 6 月 10 号才垮掉。）《约克郡邮报》和其他郡县报纸一样，着意赞美民族团结和新政府。

民意调查对***士气***的分析给出了这样的总结：“大体说来，目前民众比较平静，但极度焦虑……因为之前人们虽然对胜利更有信心一些，但这些为了胜利的努力究竟意味着什么，他们连一丝微光也没有看到，现在大家已经在很大程度上意识到，需要面对的是什么。他们的认识并不充分，尤其是占大多数的那些人，他们 14 岁就离开了学校，从来没有到过海峡对岸，也从没和一个德国人说过话。但是，至少，纯属痴心妄想的阶段已宣告结束。”*

5 月 29 日夜，哈罗德·尼科尔森在日记中写道：“我们正在沿着敦刻尔克的海滩建起一条科伦纳防线（Corunna Line），希望能撤出些许兵力。”（这说明，尼科尔森虽然在信息部身居高位，对当时的形势也不完全理解：1809 年科伦纳发生的一切，和 1940 年的敦刻尔克几乎没有什么可比性，而且当尼科尔森写下这几行字时，起程

---

* “伦敦一直比外省……表现得更为焦虑。”（FR 159）

前往英格兰的士兵远不止些许。)* 两天以后，尼科尔森在给太太的信中写道："亲爱的，勇气的传染性可真大呀。这样英勇的行为已经使我的内心远比从前强大，也给了我更多的自信。"同一天，克莱夫·斯特普尔斯·刘易斯（C. S. Lewis）在牛津致信欧文·巴菲尔德（Owen Barfield）："奇怪的是，我注意到，自打事情真的变得糟糕起来之后，我遇上的人们倒没有那么沮丧了……甚至就在现在这一刻，我的感觉也没有那么糟糕，如果一年半之前有人向我预言今天的情形，我的感觉恐怕要糟得多。"†

玛格丽·艾林翰后来曾给她的美国朋友写信，回忆这些日子："你们都是热情的人；我们比较冷漠，我们从前也比较热情，现在我们在某些方面仍保有热情。我们的心又老又硬，但仍然真诚，虽然表面有些腐烂。"关于5月29—30日，她沉思着说："让我想想。有人抱怨盖被的针织质量太差，也有人觉得养猪俱乐部肯定会有意想不到的进

---

* "我发现了一封法国大使写来的很激动的信，信中说，我们的报纸把所有责任都推到了法国军队头上。（事实并非如此。）……我们希望能让形势有所好转……这一工作很紧急，而且越来越急，就像巴黎和会期间一样。但是那段时间我们很开心，并未处于恐惧之中"（《哈罗德·尼科尔森日记与书信》，91页）。在其未公开发表的日记中，尼科尔森记录下了当晚与美国记者文森特·谢安（Vincent Sheean）的会面："绝对是温斯顿的崇拜者。他打算动用自己所有的影响力，让美国来援助我们。他说，我们最大的危险是，孤立主义者们集中鼓吹现在帮助英国为时已晚。"

† 引自卢卡斯，《最后的欧洲战争》，147页。这并不是我们从伦纳德（以及维吉尼亚·）伍尔夫的回忆中读出来的悲观的宿命论："我们也尽可能在这4天里多加入些社交生活，和很多朋友一起吃饭。比如，在5月21—24日以及6月4—7日两次在伦敦逗留期间，我们见了T. S. 艾略特、科特连斯基（Koteliansky）、威廉·普洛莫（William Plomer）、西比尔·科尔法克斯（Sybil Colefax）、摩根·福斯特（Morgan Forster）、雷蒙德·莫卢默（Raymond Mortimer）、斯蒂芬·斯彭德（Stephen Spender）、金斯利·马丁（Kinsley Martin）、罗斯·麦考利（Rose Macaulay）以及威利·罗布森（Willie Robson）。

"这些日子里有一种不祥的、让人感觉很危险的不真实感，感觉就像活在一场噩梦当中，而且正要从这种恐怖的不真实中醒过来，进入更为恐怖的真实世界……有一种安安静静听天由命的奇怪氛围，好像在等着无法逃避的事物的降临，在维吉尼亚日记中对伦敦这段日子的描述里，还可以感觉到这种挥之不去的气氛。"（伦纳德·伍尔夫，《重要的是旅程不是到达》，53—54页）

展。有人拒绝接待撤离人员。有人说，我们撤到敦刻尔克，都是胆小鬼，本应该继续作战，痛打每个敌人。有人说他们情愿果子烂掉，也不愿妇女协会的那些人染指。如此种种。现在我回过头来看，没有人***做过***任何不配合的事情。所有的都是些无关紧要的言语，谁要是过上一两个月还记得这些话，那可真是辛苦了，这一点我可以作证。”*

薇拉·布里顿（Vera Brittain）后来这样回忆5月最后几天的伦敦：“我和马丁在摄政公园散步，周围是暗紫色三色堇和浅粉色的羽扇豆。‘星期天就应该是这个样子，’我对他说，这个公园几乎没有什么人来，这意味着这是个炎热的夏天，凡是拥有带轮子的东西的人，都去乡下消暑了。现在伦敦公园和广场的大部分铁栏杆都移走了，改造成了武器，摄政公园看起来像是一大片绿色的田野，非常清新活泼。几位上了年纪的人坐在椅子上，几个年轻人则在划船，挂着带条纹的帆。又一次……产生了奇怪的和平错觉，很可能是因为夏天的美好，因为它的芬芳和声音。我们感觉，我们好像正在目睹欧洲文明的葬礼在优雅地进行。在野蛮人进入之前，罗马帝国看起来肯定也是这样的吧。”†

◆ ◆ ◆

对于1940年5月伦敦所发生以及所没有发生的一切，希特勒确实也得到了一些零星的情报。他希望，并且他也计划着，伦敦会

---

* 艾林翰，《橡木之心》，255页。

† 布里顿，《英国时刻》（*England's Hour*），41页。

出现裂痕，英国会摆脱丘吉尔，他一直是这样期待的，而且，7月过后，他仍对此抱有一丝希望。这才是关键问题：在整场战争中，希特勒的期望再也没有比这5天更合情合理的了——也就是说，在敦刻尔克大撤退结束之前，在法国投降之前，在对英国发起空袭之前。但是，他的情报和信息出现了一些时间上的滞后。他6月初才开始索取、收集并阅读与伦敦有关的各种情报资料。（与普遍接受的说法不同，他读得很多，也很快。）丘吉尔清楚这一点；有时（特别是在7月），他允许把一些琐事、模糊的情报传递给国外的德国特工，目的是想让希特勒犹豫，推迟侵略准备。这里我们还可以加上一句，1940年夏天，英国对德国军事密码［“恩尼格码”（Enigma），后来是“乌尔特拉码”（Ultra）］的破解断断续续，没有什么经验。不过这些都发生在对决的后几个月，不在5月。

对于丘吉尔来说，敦刻尔克虽然算不上一场胜利，但确实是一种解脱。不过这种解脱非常短暂，很快就将被法国陷落的巨大阴影所笼罩。敦刻尔克之后不久，6月4日，丘吉尔发表了讲话，这是他最伟大的演说之一。法国政府倒台之后，丘吉尔也很快发表了另一篇非常著名的演说，那是在6月18号。但是，这些演说对英国人民产生的直接影响非常有限。这些演说的效力具有累积性（或者，换用红衣主教纽曼喜欢的一个词，具有演绎性）。

5月28日，外交部的一份文件建议“应该考虑王室和政府撤退的‘高度机密计划’，可‘撤往海外某处殖民地，如果情况不允许在英国本土继续作战，可以在这些地方将战斗进行下去’，也要安排将王冠、加冕宝座、金条、有价证券和宝石从英国转移到‘帝国的另一处’”。6 月 1 日，丘吉尔在一份备忘中否决了这个方案：“我相信，他们试图侵略英伦三岛的那一天，我们会让他们后悔的。不允许进行这样的讨论”。* 不过，根据波纳尔将军的回忆，“6 月初的某一天”，就此，丘吉尔这么说，“我不知道我们能否保住这些”：“这句话洞穿了他的真实想法。伟大的演说提升了士气，这当然是有必要的，但这些反映的却未必是演说者的内在想法，甚至通常都不是”。†

除了在几个并不重要的场合，爱德华·哈利法克斯已经不再在战时内阁公开反对丘吉尔。（实际上，6 月 13 日，他还曾经引用了丘吉尔的原话“下坡路”：如果法国人请求休战，“他们会走上下坡路，这会让他们失去自己的舰队，并最终失去自由”。‡ 但是，他在日记中（我们知道，他的日记主要是写给家庭成员看的）偶尔仍对丘吉尔颇为挑剔。§ 然后就发生了 6 月 17 日的事情——这真是至为黑暗的一天，前一天贝当刚刚取代雷诺在法国的位置，这天早晨

---

* 吉尔伯特，《姊妹篇》，187 页，注释 1。

† 波纳尔，《参谋长》第 2 卷，359 页。但是，注意，丘吉尔有个习惯，他会在自己的圈子里公开推测、坦率讨论最重要的问题。爱德华·布里奇斯爵士：“在这样的讨论中，他不会有任何隐瞒。他会表达非常直白的观点……或者对事情可能的发展路径做出种种揣测。”（《今日行动》，22—23 页）

‡ 卢卡斯，《对决》，103 页。

§ 5 月 30 日，在一次内阁会议之后：“温斯顿今天有点儿好战情绪，还东拉西扯的。我从来没见过哪个人的思维如此混乱。我现在得出一个结论，他的思维过程属于必须通过说话来进行的那种。这跟我的思维方式正好相反，真够烦人的。”6 月 19 日：“这是一颗最离奇的大脑，温斯顿的，我从没见过这样运作的大脑，把孩童的感性和成人的理性古怪地结合在了一起。”6 月 24 日：“温斯顿的多嘴多舌……”（哈利法克斯文件，A.7.8.4）这些日记有过删减。他妻子不喜欢丘吉尔，他们夫妻间的通信仍封存在一个盒子里，保存在加若拜的档案室。7 月 5 日，哈利法克斯对维克托·卡扎勒特（Victor Cazalet）说，丘吉尔变得越来越傲慢，越来越没耐心，“简直不可能跟他谈上 5 分钟”。（吉尔伯特，《姊妹篇》，483—484 页）

法国停止抵抗已经确认无疑。哈利法克斯的副部长“拉博”·巴特勒（“Rab”Butler）在詹姆斯公园会见了瑞典驻伦敦公使比约恩·普里茨。他请普里茨到他办公室来。在办公室里，巴特勒告诉普里茨，“如果机会允许，能够拿到合理的条件，就不要忽略任何可以达成妥协与和平的机会……不能让所谓的顽固分子（指丘吉尔）成为谈判之路上的障碍。”当巴特勒过去见哈利法克斯时，普里茨仍待在他的办公室里。巴特勒回来的时候，告诉普里茨，哈利法克斯有个口信带给他：“决定英国政府政策的，将是常识，而非逞强。”——当然普里茨不应该把这理解为不惜任何代价去争取和平。在发给斯德哥尔摩的急电中，普里茨还加了一句，说他与其他英国政要（大多是某些议员）的谈话表示，大约十天左右，哈利法克斯就将取代丘吉尔成为政府首脑。几个小时后，驻斯德哥尔摩的意大利公使就得知了此事，他夸大了这一消息的重要意义，（错误地）报告说驻斯德哥尔摩的英国公使已经与瑞典政府进行接触，询问和平提议的有关问题。事情并非如此。一天之后，普里茨自己也澄清了他第一封电报的意思。对于这些细节，研究这一时期的外交史学家都有所了解。* 这里我们还可以加上一封丘吉尔写给哈利法克斯的信，现在这封信在丘吉尔档案馆可以查阅，日期是6月25日：“亲爱的爱德华，从这些电报以及其他一些电报中，我非常清楚地看到，巴特勒给瑞典公使递了些奇怪的话，显然瑞典从中得出了强烈的失败主义

---

* 卢卡斯，《对决》，132—33页，又见150—151页。

印象。在这样的情况下，由你去向巴特勒问清楚他具体说了些什么，岂不是更好。（在下议院的秘密会议中，我做出）保证，现在的政府以及所有成员决心战斗到底，我也的确是这么做的，决定是大家做的，我愿意负我该负的责任。”* 三天之后，哈利法克斯回了信，并为巴特勒进行了辩护。这件事到此为止。在 7 月 19 日的演讲中，希特勒向英国发出宏大的和平提议，对此，丘吉尔未做任何回应，而是让哈利法克斯去应对，外交大臣很平静、很冷静地做出了回复。

1940 年 12 月，丘吉尔请哈利法克斯出任驻美国大使，由安东尼 · 艾登接任他在外交部的职位（艾登并不是最好的人选，虽然他是个丘吉尔派）。哈利法克斯夫人感到很尴尬，但事实证明，哈利法克斯是位非常出色的大使。（这个评价也大体可以用于很多其他的反丘吉尔派人士，比如塞缪尔 · 霍尔，5 月，丘吉尔几乎是把他从伦敦放逐出去，派他担任驻西班牙大使。这些英国人和其他很多国家处于关键位置的大使们不同，他们的爱国主义精神毫无疑问地战胜了他们的政治和意识倾向。）

有意思的是，我们注意到，哈利法克斯的传记作者安德鲁 · 罗伯茨提到哈氏的辉格党原则，也可以说是他习惯从实用主义的政治角度进行思考的倾向。在哈利法克斯的整个政治生命中，这一原则一直占据主导地位，超越了他的个人理念和他的思想信念，甚至超越了他的宗教信仰。1944 年 7 月，休 · 道尔顿在日记中记录下了他和哈利法

---

* CA，20 / 2。

克斯的谈话："他相当肯定，我们一定不能陷入要问是跟美国合作更好还是跟苏联合作更好的思想状态。在与这两个国家的关系中，我们都必须尽最大努力，尤其是在与苏联打交道的时候一定要有万全的考虑，务必不能让他们觉得我们与美国有什么秘密，而他们却被排除在外。"*1946年3月，丘吉尔在密苏里的富尔顿发表了著名的铁幕演说，当时哈利法克斯仍担任驻华盛顿大使。他因患流感卧病在床，但口述了一封信，由他夫人转交丘吉尔，其所表达的主旨就是丘吉尔对苏联不应该这么强硬，斯大林"完全误会了你在富尔顿所讲的一切"，鉴于两国在战时的关系，丘吉尔应该考虑前去莫斯科与斯大林进行谈话。†（英国国教的支柱能说的也就这么多了。有人曾经问丘吉尔，他与教会是什么样的关系。他是教会的支柱吗——也许，像哈利法克斯一样？不，丘吉尔回答说：但他是教会的飞拱。）

◆ ◆ ◆

现在让我们回到1940年6月，飞快地浏览一遍那个夏天的重大事件。这个夏天丘吉尔名声大振，成为英国的救世主。‡6月4

---

* 《休·道尔顿的"二战"日记》，767页。请把这与波纳尔在《参谋长》第二卷109—110页记录下来的、1943年10月的丘吉尔进行对比：丘吉尔"根本不喜欢苏联人，也不喜欢他们的方式，对他们没报任何幻想。他们的所作所为（做得很好），都是为了保全自己的性命。他们未来的政策也完全是为了迎合自己的利益，别人对他们来说都不重要。当然，尤为必要的是，要和美国和睦相处"。

† 哈利法克斯文件，A. 7. 7. 18。丘吉尔随后（3月14日）致电哈利法克斯夫人；他对该建议表示感谢，但不能这么做："那就成了'挨了打的恶狗跟在主人后边'，而且就像战争一触即发之前去见希特勒。"

‡ 这个说法，或曰名头，出现在A. J. P. 泰勒所著《英国史》（*English History*）的一处传记脚注中。

日，敦刻尔克落入德国人手中。六天之后，墨索里尼宣战。又过了一周，法国向希特勒屈服。希特勒仍希望能听到来自英格兰的好消息。一个也没有。现在，丘吉尔的领导能力以及他的种种言辞已经让英国人民坚强起来。*7 月 16 日，希特勒发出了措辞有些谨慎的、准备侵略英格兰的命令。三天之后，他发表了准备已久的胜利演说。在这次演说中，他最后一次向英格兰提出媾和建议，并言辞猛烈地对丘吉尔进行攻击。伦敦方面没有做出任何回应。7 月 31 日，希特勒把手下的元帅们召集在一起，告诉他们准备发动对苏联的战争。这个决定还颇有些条理，并不算太疯狂。希特勒说，英格兰只有两个希望，美国和苏联。他对美国无能为力。但是，如果苏联被消灭，英国在欧洲寻找盟军的最后希望就会破灭，而美国面对日本将会忙得不可开交。

就在 7 月 31 日这一天，富兰克林 · 罗斯福开始了行动。7 月底之前他还不太肯定英国能坚持下去；如果不能的话，新世界将接收英国的舰队。† 现在，他准备绕开国会，向英国提供 50 艘旧的驱

---

* 一次关于“对首相的支持率和反对率”的民意调查数据显示：张伯伦，1939 年 11 月，68%；1940 年 1 月，56%；1940 年 5 月 9—10 日，32%。对丘吉尔：1940 年 7 月，88%；反对，7%；不知道：5%。

† 关于那个夏天罗斯福和丘吉尔一直进行的函电交流，见《丘吉尔与罗斯福：通信全集》（*Churchill and Roosevelt: The Complete Correspondence*）。这本集子很重要、很独特（这两位在战争期间的信件往来超过 2000 封，除此之外，他们还经常进行电话交流，这些谈话并未进行记录），但是编者沃伦 • F. 金博尔（Warren F. Kimball）胡乱加了些评论（“眉批”），使之有了瑕疵。比如，关于他们在至关重要的 6 月 14—15 日两天的书信往来，金博尔写道，丘吉尔“心烦意乱，……感到有必要警告罗斯福，不能指望大不列颠在看不到美国进行军事干预的实质希望的情况下继续孤军作战。他威胁说，也许一个亲德内阁会取代他的内阁”。这是丘吉尔第一次背离强调英国愿意苦战到底的一贯策略，也是仅有的几次之一。这并不是丘吉尔第一次这样说，也谈不上威胁，只是一种警示，提醒对方有些事情必须要考虑到；而且这也不代表丘吉尔的“背离”。

逐舰，这显然背离了美国的中立立场。这个消息是在9月2日或3日宣布的，距英国加入对德作战刚好一年。与此同时，不列颠之战在空中继续进行。德国人未能击败英国战斗机的兵力。9月7日，希特勒下令，将空袭转为轰炸伦敦。9月16日，他推迟了侵略计划。四天之后，他拉着急不可耐的日本成立了联盟，显然专门是为了对付美国。在这一年的最后一天，罗斯福总统公布《租借法案》（*Lend-Lease Act*）来支持英国，声明美国从此成为民主的兵工厂。

对于数百万欧洲民众来说，现在的伦敦就是自由之都、希望之泉，他们夜夜收听 BBC 的广播。这种令人振奋的局面将会贯穿整场战争。但是，在战争结束之前很久，人们就开始发现，对希特勒取得胜利的代价是将会有一个新的英国、新的文明。这并不仅仅是因为英国凭一国之力没有机会赢得这场战争。这样的事态发展，早在6月初就已经有了隐现的萌芽。

6月9日，星期天，夏尔·戴高乐第一次飞往伦敦。"英国首都看起来很平静，甚至有点儿满不在乎。大街上和公园里都是平静地出来散步的人，电影院入口处排着长长的队伍，汽车很多，俱乐部和旅馆外的门童很气派，这些都属于另一个世界，不属于这个战时世界。"他的结论并不乐观："人民大众对法国所发生事件的严峻程度一无所知……很显然，无论如何，英国人觉得海峡仍然宽阔。"* 优雅的伦敦城可能让戴高乐失望了，但是（是的，海峡仍然宽阔）英

* 戴高乐，《战争回忆录》（*War Memoirs*），62—63页。

国的很多男男女女的反应（和记忆）并不令人失望。罗伯特·亨利（Robert Henrey）的夫人还记得6月初的那些日子："回到伦敦总是让人非常高兴……这个城市色彩那么鲜艳，我的眼睛都快被闪瞎了。福特纳姆 & 梅森百货商场的女士特别优雅，皮克迪利有那么多豪车。"* 这一切都给了亨利夫人勇气。其他很多人也从中获得力量；不管是外国人还是亲英派，不管在不在英格兰：他们把这种优雅和未被打扰的平静看作西方发达资本主义文明的活样板，恰恰代表了作为沉重暴行化身的希特勒和德国人的对立面。

接着就是法国的沦陷。早在1938年3月，波纳尔将军就曾引用伊丽莎白女王在16世纪说过的话："不管法兰西王朝的末日什么时候到来，对英国来说，那无疑都是毁灭性的事件。"†1940年6月16日，波纳尔在日记中写道："在伦敦很难说人们很开心，实在没有什么值得开心的事情。但是，对于希特勒干掉法国之后可能会转向英格兰，大家都显得很平静，逆来顺受。当然，他们并没有意识到成为德国力量'转向'的目标意味着什么。"第二天，他写道："作为国家我们变得又胖又懒。我们拥有庞大的帝国，这是祖先流血流汗为我们打下的江山，而我们却没有尽心尽力去捍卫。希特勒至少激发了他们国家的自我牺牲精神——对我们来说，根本就没有这样的服务精神……在战争以及备战的问题上，比起独裁政府，民主国家远远不够，还得再加上民主为迎合大众竞争选票带来的士气

---

* 亨利，《战火下的伦敦》（*London Under Fire*），15页。

† 引自罗利（Raleigh），《十六世纪的英国之旅》（*English Voyages of the Sixteenth Century*），70页。

消耗。”* 他感觉，《亨利六世》上篇中第一幕第一场的这些台词“恰当得让人奇怪”：

> 葛罗凯特。巴黎丢了吗？鲁昂投降了吗？……
>
> 埃克塞特。这些城池是怎样丢掉的？敌人使用了什么诡计？
>
> 使者。没有什么诡计；只是因为缺少兵丁和钱粮。
>
> 兵士们都在纷纷议论，
>
> 说你们这里派系分歧，
>
> 在这样的决战关头
>
> 还举棋不定，争吵不休：
>
> 一位大臣要节省开支，宁愿把战事拖长；
>
> 另一位恨不得插翅飞翔，可是又缺乏羽翼；
>
> 第三位的主张是，一文不费，
>
> 只靠甜言蜜语来赢得和平。
>
> 醒来吧，醒来吧，英格兰的贵胄们！

从不止一种意义上来讲，莎士比亚的这些句子“恰当得让人奇怪”。但是，对于法国沦陷带来的后果，波纳尔有些过于悲观，可能他对民主也太过悲观了。有一个人的想法和波纳尔很不一样，他

---

* 波纳尔，《参谋长》，368—369 页。

就是乔治·奥威尔。他也没觉得亨利夫人之所见有何让人振奋之处。这一年的晚些时候，奥威尔写道："坐在劳斯莱斯轿车里的女士对士气造成的伤害，比戈尔的一队轰炸机更甚。"他也许错了。*但是，1940年奥威尔的爱国主义（以及他的传统主义）情绪高涨，远远高过他的民主阶级意识。1944年，在《英国阶级体系》一文中，他写道："值得注意的是，在危难当头的时刻，最有能力把这个国家团结在一起的，是丘吉尔，一位出身贵族的保守党人"。（同样意味深长的是，1947年奥威尔给他《1984》中的主人公起名为温斯顿·史密斯（Winston Smith），这个温斯顿1945年出生并接受洗礼，在第一次反抗黑暗与压迫时，他举起酒杯，向过去致意。）

"保守"与"贵族"：我们必须最后一次来思考一下这两个形容词。比弗布鲁克（Beaverbrook）是另一位与波纳尔和奥威尔都大相径庭的人物，他在1964年的一篇演说中回忆："我们的准备太不充分了。我们所处的危险已经超出了人们的理解能力。丘吉尔就任后对我说：'我们会安然脱险夺取胜利，不过我们的尾羽可能就保不住了。'"†何止是尾羽——但是也许这一点并不重要。比起他所在党派的很多人，"保守派"丘吉尔（哈利法克斯和希特勒这样有天壤之别的人都是这么看他的）既比他们更保守，又没他们那么保守。比起英国那些批评他的人，他既比他们更像贵族，又不像他们那么像贵族，这些人中，很多都觉得要是没了尾羽，他们的体面也就荡

---

* 但肯定不像德国难民作家法朗兹·波克诺（Franz Borkenau）那么离谱，奥威尔曾在他的战时日记中引用博克南的说法："法朗兹·波克诺说，英格兰现在无疑处于革命的第一阶段。"（341页）

† 引自史密斯，《英语读本》（*The English Reader*），120页。

然无存。奇普斯·钱农（Chips Channon）热切支持张伯伦，对于丘吉尔，他既不信任也不喜欢。5月28日，丘吉尔赢了，是夜，钱农在日记中写道："我想，他们肯定在搞什么阴谋，要把哈利法克斯以及英格兰的所有绅士从内阁、甚至从下议院驱逐出去。"* 英格兰的所有绅士……我们知道，觉得丘吉尔算不上绅士的人不在少数，下议院的保守党议员更是这么认为。5月，他们不鼓掌，不愿向丘吉尔表示赞同。甚至到了6月，很多保守党人的沉默也是"阴险的"（sinister）。直到7月，议会中的大多数保守党议员才觉得，最好是表达一下他们对丘吉尔的忠诚。† 他们于1935年通过选举进入议会，其中大多数在1937年及以后的年月里都属于张伯伦一派，坚信他们代表了英格兰的正派观点。正派是关键。（有个既认识丘吉尔也认识哈利法克斯的人曾经对我说："对哈利法克斯，我的尊重超过喜欢"，但是"对丘吉尔，我喜欢他胜过尊重他"。）

英国人头脑中根深蒂固的保守主义有别于保守党人的政治和社会保守主义，这种保守主义在1940年是极为有利的条件。绝大多数人并不知道，或者，更准确地说，他们几乎无法想象，英国可能会在这场战争中战败。在他们的爱国主义中（这是一种旧式的爱国主义，有别于现代的民族主义）有骄傲的成分，也有历史感。这一点，我们从6月5日一位敏感的中产阶级妇女的日记中可以窥见一斑。

---

* 引自卢卡斯，《对决》，100页。

† 在《著名的丘吉尔主义者》中，谈到保守党人和丘吉尔时，罗伯茨这样说："因此，不得不从几百条公共或私人信息的碎片中拼凑出这个故事。故事拼好之后所呈现的画面与广为接受的保守党版本大相径庭。"（138页）他们憎恶"这个极端分子。"（160页）即使是在1940年7月之后，也和很多历史学家的说法有很大出入，"托利党仍对这个人怀有疑虑"。（183页）

这篇日记写的极为动人："这天早晨，我迟迟没有吃完早餐，把敦刻尔克撤退的报道读了又读。我感觉，在我内心深处，有一只竖琴在震颤，在歌唱——那种感觉就像在炙热明媚的阳光下身处长满金雀花的山坡，或是穿过公园时突然瞥见一大片苗圃，细细的红色罂粟花正在纯粹、勇敢地盛放。我忘了我是个中年妇女，起床的时候通常觉得疲惫不堪，而且还不时背痛……那个早晨很热，工作也慢下来一点儿，但不知怎的，我觉得一切都是值得的，我很开心，我是救助者以及获救者的同胞。"*

英国人民并不知道，与 1940 年的德国相比，他们国家的情况多么过时。这种过时并不仅仅体现在两国的武器装备和军事策略上，还体现在社会结构上。英国的民主传统和阶级体系陈旧；相比之下，希特勒的德国这个基于民粹主义的平民国家，在机构以及发展中的社会结构方面则更为现代。† 英国的产业及财政状况、英国人的习惯、时尚及交流方式、英式的行为与思维方式，仍然都很老派——就是"老派"这个形容词的字面意思。如果把这些情况归因于国家层面的疲惫或第一次世界大战之后的倦怠颓废，那是不够的。很多维多利亚

---

* 《内拉的最后一战》，62 页。

† 关于这一点，有一个让人吃惊、骇人听闻的事实为证，那就是战争开始时，将儿童撤离伦敦的计划（这是政府虑及空袭可能所推出的一项计划）基本宣告失败。超过 100 万名工人阶层子女被送往乡村的中产家庭，通常他们的母亲与他们一起前往。"现在（这段话写于 1940 年暮春）这个计划已经渐渐萎缩，社会学家的工作则是记录所发生的一切……实际上，接收地区的成千上万个家庭很不高兴，并不愿意这个实验继续下去，接收更多来客，而且有几千位母亲已经回到危险地区，决心再不回来。"[《战争从国内开始》(*War Begins at Home*)，296 页] 民意调查的一位观察员这样说："中产接待家庭与工人阶层疏散儿童之间的鸿沟有点无法逾越；有些孩子处于赤贫状态（其中很多浑身虱子、感染了寄生虫），引发中产阶级的恐慌。有一家的女人被两个孩子的污秽肮脏、疾病缠身逼得发了疯。不知道她还能不能恢复。"（312 页）另一位观察者："撤离计划的主要缺点是对不同阶层人口间的差异估计不足。"（306 页）第三帝国没有类似的情况。

晚期或爱德华时代的习惯，不管是行为上的还是心理上的，在1940年都仍然存在。很多声音、气味、景象亦是如此：电影院中的风琴音乐、煤烟、草地上装饰着鲜花的裙衫、浓茶和淡可可的味道、打了绑腿的英国国教教士、俱乐部中的沉默以及酒吧里的交谈。仔细看看这个时代的一些私人信件——不仅仅是书信的内容，还有写信用的纸，往往还有笔迹——人们就能感觉到这个地方、这个时代很***陈旧***。1940年5月和6月间的冲击，加上丘吉尔的领导素质，很好地填补了国家团结、勤奋、纪律方面的漏洞。但是，1940年仍然是整个时代的终结，或者，更确切地说，标志着一个时代终结的开始。

◆ ◆ ◆

丘吉尔认为希特勒和他的第三帝国是某种邪恶、危险力量的化身，其中的野蛮残忍之处，有些已经非常陈旧，有些新得令人诧异。丘吉尔洞察力非凡，这让他不但成为英格兰的救世主，还拯救了英格兰之外的很多其他国家——最重要的是，他拯救了整个欧洲。他自己很清楚这一点。5月28日他谈到“我们誓为世界正义而奋斗”。7月14日，他宣布，英国是在“独自作战，但并非仅为了英国自己”。伦敦是“强大的庇护之城，将人类进步的契书置于神龛之内，对基督教文明影响深远”。1941年，在对美国的一次广播讲话中：“我们脚下的英伦诸岛在地图上看起来很小，但我们忠诚地守卫着正义，给很多国家和民族带来了宝贵的希望，他们为卑劣残忍的奴役状态所困，饱受折磨”。这种对全欧洲的关心是丘吉尔与哈利法克斯以及大多数保守党人在洞见方面的主要区别之一。* 对祖先马尔伯勒公爵的记忆以及他性格中的爱德华成分可能对他是一种触动，但还有更多的原因。丘吉尔从来都认为，如果对面整个欧洲大陆都在希特勒的控制之下，英国和整个帝国将无法继续存在。如果英国独立得以维系、英国民主政治能够继续的代价是把帝国的担子大部分转移到美国肩上，那就这样吧；如果要打赢这场战争的代价是默许苏联凌驾于大部分东欧国家之上、获得最高统治权力，这也是无法避免的：因为半个欧洲（当然，包括整个西欧）总好过一点儿都没有。†

他的远见，以及他的策略，也就这么多。这些我们在回溯历史时可以看到。但是，重要的是，需要认识到，这是 1940 年 5 月和 6 月他的远见和策略的精髓，当时，由英国发起并由英国控制的欧洲解放进程尚无任何可能开启。当时的情况恰恰相反：不但他在国内的对手，而且西欧很多战败国的民众，都倾向接受议会民主的瓦解，向胜利的第三帝国寻求和解。不但利奥波德国王和贝当元帅有如是想法，有那么一段时间，荷兰、比利时、丹麦，当然还有法兰西共和国很多甚至大多经选举产生的议会代表也有这方面的倾向。这样的局面很快就会结束，最多持续到 1940 年 10 月，因为英格兰一直

* 安德鲁・罗伯茨：哈利法克斯“犯了个灾难性的错误，试图把他在印度与国会打交道的经验转化为解决欧洲问题的策略”。(《神圣的狐狸》，41 页）肯尼斯・罗斯（Kenneth Rose）：“那些所谓的绥靖分子之所以记忆蒙尘，并非是抵抗路线造成的战略和经济现实让他们失去说服力，而是他们带着一种阿谀奉承的心态，目睹欧洲渐渐陷入奴役状态。”（《乔治五世》(*King George V*)，84 页）

† 但是，丘吉尔也明白，苏联占领东欧的领土范围应该离欧洲中心越远越好（在这一点上美国并不支持他的想法），而且，1944 年 11 月他曾对戴高乐说过，苏联的统治不会长久（“用餐完毕，接下来是消化时间”）。1953 年的新年夜，他向科尔维预言，到了 80 年代，共产主义将从东欧消失。

在坚持，因为丘吉尔。他关于伦敦已经成为西方文明守护者的说法并不仅仅是华丽的豪言壮语：英国的高楼大厦中有西欧国家流亡中的国王和王后现身；大街上有这些国家士兵和水手身着制服的缤纷身影（包括勇敢的波兰人，有几千名）；在缺少灯光的维多利亚式大厅中进行着巴赫作品的演奏会——BBC 则以贝多芬第五交响曲的第一小节开启它对欧洲广播的信号。

半个世纪过去了，新一代的丘吉尔批评者已经出现，他们有的批评他的洞察力，有的批评他的决心，有的二者皆批。除去一些极端的或鼓吹纳粹的代表，我们有一些专业史家的著作，比如莫里斯·考林（Maurice Cowling）、大卫·雷诺兹、希拉·劳勒（Sheila Lawlor）和约翰·查姆雷（John Charmley）[最后一位得到了艾伦·克拉克（Alan Clark）的热情支持] 在这里对他们的作品进行详细的描述或分析并不合适，但是他们的修正主义批判的主旨可以归纳为下面几点：1940 年丘吉尔除了继续作战之外没有任何计划，只是希望能出现好转（有点儿米考伯风范），但他自己也不知道会是什么样的转机；* 丘吉尔对希特勒的顽固仇恨可能蒙蔽了他的

---

* 希拉·劳勒（这是一位值得尊敬的历史学家）的《丘吉尔与战时政局》中有几个例子："约翰·查姆雷的传记引起了争议……支持和诽谤丘吉尔的人都认为，丘吉尔为他自己的行为编织出了一些神话的陷阱，而该书将其一一挪开。但是，就战争开始的那几年而言，作者的处理并没有争议。"（18 页）"神话的陷阱"，也许。"没有争议"，未必。劳勒继续写道：丘吉尔"从这些事件本身得到了助益——法国、荷兰、比利时的陷落，英国本土遭到攻击，他自己对这些事件的反应也是一种助力。他早年反动与虚夸的特点……"（43 页）一是反应，一是反动？"丘吉尔关于继续作战的决定的合理性、他与张伯伦和哈利法克斯的共同之处多于他在其雄辩中所表现出来的，但是，1940 年夏天，是他的雄辩让他成了战时漫画。"（87 页）漫画？也许更应该说"形象"，因为形象不能脱离现实而独立存在，而漫画只不过是形象的一部分。关于张伯伦，她这样说："虽然丘吉尔坚持不能出现替罪羊，大家都负有同样的责任，他们每个人'都有罪过'，但是他一直没有制止那些批评者。"（89 页）不，他制止过，而且结果对他和张伯伦的关系大有好处。

双眼，因为如果他最迟在1941年接受与希特勒的和解，帝国也许就保住了。有些德国历史学家也提出了这样的观点，尤其是安德烈亚斯·希尔格鲁伯（Andreas Hillgruber）*，他坚持认为，丘吉尔的主要目标不但是要毁掉希特勒，也要毁掉德国，这种肆无忌惮的帝国主义策略造成的后果令人惋惜。因此，很多德国人不喜欢丘吉尔，也就容易理解了。但是，这一切是否有理有据呢？1940年，还有谁站出来挡住希特勒的路，还有谁以恢复包括德国在内的西欧各国的法制和民主为己任？

我给这最后一章起的标题是“幸存”，我是以下边这句话开始这一章的：“如果希特勒打赢了第二次世界大战，现今我们所处的世界应该会很不一样。”现在，在这一章的结尾处，当然，也是这本小书的结尾，我必须要改变一下语气，以一个最强音来结束。1940年5月底以及之后一段时间里，不但欧洲战争濒临结束，西方文明也走到了结束的边缘。丘吉尔明白这一点，他受到某种历史意识的启发，这种历史意识带给他的，并不仅仅是魔咒般的豪言壮语。这里我举两个例子。5月31日，他飞往巴黎，至少让雷诺明白了他的决心有多么坚定，在这次会面快要结束的时候，他还说：“如果德国击败了盟军或其中一支军队，她对我们丝毫不会留情；我们将会***永远***沦为附庸。如果西欧的文明及所有文明的成果能够走向悲壮但辉煌的终点，这要远远好过两个民主大国苟延残喘，失去所有赋

---

* 希尔格鲁伯是德国关于“二战”时期的一位主要历史学家，他在大部头的重要著作《希特勒的战略》（*Hitlers Strategie*）144页注释1中写道，“从他的角度来看”，希特勒给英国开出的条件是“认真的”，而且“主观上也是诚实的”。

予生命意义的一切。”19 天之后，法国沦陷，他再度发出呼吁，重申这一主题。他说，如果希特勒胜利而我们战败，“那么整个世界，包括美国在内，包括我们熟悉、关心的所有一切，都将陷入新的黑暗时代的深渊，邪恶的黑科技之光将使这个时代更凶险，可能***拖得也会更久***”。

斜体是我加的。有些东西，丘吉尔当时就能够理解，很多人即使到了现在也理解不了。对欧洲文明最大的威胁并不是共产主义，而是纳粹主义。世界上最强大、最有活力的政权也不是苏联，而是德意志第三帝国。20 世纪最伟大的革命者不是列宁，也不是斯大林，而是希特勒。希特勒不但成功地将民族主义和社会主义整合成了一股强大的力量，他还是一种新型的领袖，代表了新的民粹民族主义。此外，旧秩序（或者说，无秩序）的残余力量对他毫无招架之力；实际上，德国也好，其他地方也好，出于多种原因，包括对共产主义的恐惧，有些旧秩序的保守派代表倾向迁就希特勒。正因为如此，1940 年，希特勒代表了未来的浪潮。* 他最强大的对手就是丘吉尔。这位对手就像克努特大帝一样，试图迎头顶上，力挽那一片狂澜。而且，是的，说来也怪，这位克努特大帝成功了：因为他的决心。不过，请允许我这样说，也因为上帝的意旨，他和任何人类一员一样，都不过是上帝传递意旨的工具。他当然不是圣人，

---

* “我能听到大地传来这样的鼓声，”伊诺克·鲍威尔（Enoch Powell）后来回忆道。“鲍威尔能够看到，希特勒醉心于战争；更糟糕的是，他认为纳粹会获胜，”德里克·特纳（Derek Turner）在“告别伊诺克·鲍威尔的演说”《编年史》（1998 年 11 月）中写道。（鲍威尔的战时记录非常好；他是英国军队中最年轻的旅长。）

他甚至并不是虔诚的宗教信徒，而且他还有很多毛病。但是，他就是成功了。

即便希特勒获胜，他的新政权也不会永远保持下去，不过可能会持续很长时间。1989 年，我写了一本书，讲的就是丘吉尔和希特勒在 1940 年的对决。现在，十年过去了，我们可以看到，1989 年不但是一个世纪的结束（从 1914 年到 1989 年短暂的 20 世纪），这一年也是一个时代的终结，这个时代大约始于 500 年前，其中的代表性特征就是贵族政治与民主政治的斗争以及越来越和谐的共存，后者不断上升，前者逐渐衰弱。现在，我们开始处于一个新的时代，上个时代的残余已经远去，全球民主政治正在开启——无可争议的民主，其环境、条件、风险均无法预料。这里并不是思考这个问题的地方，时间也不对。但是，我们必须明白，从 1940 年到 1990 年这 50 年间的历史，与 1940 年所发生的事情是无法割裂开来的，正如冷战也只不过是第二次世界大战的结果一样。往好的方面说，由于丘吉尔在 1940 年的所作所为，文明得以留存，至少有一小部分可以留存。从最糟糕的情况看，他给了我们 50 年的时间——特别是我们中间不再年轻，但当时还年轻的这些人。这 50 年里，不以德国人或苏联人的武装力量为化身的新型野蛮状态还没有出现；这 50 年里，新的黑暗时代的乌云也没有笼罩我们子孙的生活。50 年！也许这已经足够了。

致谢

Acknowledgments

我写过不少书，但我想不出有哪本书像这本一样，得到过那么多的帮助。让我把帮助过我的人和机构按照顺序一一列出。当然，这个顺序并不一定是根据重要程度排列的。

我想表达一下我对耶鲁大学出版社的感激。如今很多作者都遭受这样那样的问题和麻烦的困扰，但我和耶鲁大学出版社的关系中从来没有这类烦恼。我要特别感谢编辑部主任乔纳森·布伦特（Jonathan Brent）和卓越的文稿编辑布伦达·W. 科尔布（Brenda W. Kolb）。我还要感谢埃尔哈特基金会（Earhart）及基金会秘书安东尼·沙利文（Antony Sullivan）。他们像过去一样，慷慨解囊，为我在英格兰的研究提供经济援助。

我在国家档案馆的主要研究助手是安德拉斯·D. 班恩（András D. Bán），他的可靠、严谨以及他对错综复杂的档案文件的全面了解，对我来说都无比宝贵。乔安娜·肖·迈尔斯（Joanna Shaw Myers）主动陪我去剑桥，协助我走遍宽敞的丘吉尔档案馆（该馆编目做得尤其出色）。研究现代英国史的英国学者中，菲利普·贝尔（Philip Bell）和布莱恩·邦德（Brian Bond）都提出过极好的建议，他们的引导往往也非常必要，大卫·阿斯特（David Astor）、大卫·迪尔克斯（David Dilks）、M. R. D. 富特（M. R. D. Foot）和安德鲁·罗伯茨（Andrew Roberts）也是一样。在研究英国文学史的美国学者中，塞穆尔·海因斯（Samuel Hynes）也给了我类似的帮助。伦敦英国外交部的图书馆管理员以及剑桥大学丘吉尔学院和三一学院、负责《内维尔·张伯伦文集》的伯明翰大学图书馆、负责哈利法克的斯日记与文集的约克大学波次维克历史研究所（Brothwick Institute of Historical Research）、法尔默－布莱顿的苏塞克斯大学民意调查档案室、负责尼科尔森（Nicolson）日记的牛津大学贝列尔学院、负责《阿斯特文集》的雷丁大学图书馆，这些地方的工作人员以及伦敦国王学院图书馆的诸位档案馆员和图书馆员，无一例外，均对我亲切有加，特别乐于提供帮助。在我寻找不那么好找的文章和著作时，宾夕法尼亚大学的爱德华浸信会提供了帮助。切斯努特山学院的前任研究馆员海伦·海因斯（Helen Hynes）顶着极大的时间压力，将一部颇难辨认、写满潦草字符的手稿打字输入。我写的所有东西，好吧，几乎所有东西，我的妻子斯蒂芬妮（Stephanie）都曾读过。她的评语往往又逗趣又敏锐，反映了她横溢的才华和迷人的魅力，这无论是对一部手稿，还是一个男人，无疑都是上帝的赐福。

1997—1998 年

于皮克林路

（近凤凰城，宾夕法尼亚州）

WE NEVER SURRENDER

"EVEN if large tracts of Europe fall into the grip of the Gestapo and all the odious apparatus of Nazi rule, we shall not flag or fail. We shall go on to the end, and shall fight in France, on the oceans and in the air. We shall defend our island, whatever the cost, and shall fight on the beaches and landing grounds, in the fields and streets. We shall never surrender.

"Even if—which I do not for a moment believe—this island or a large part of it were subjugated, our Empire abroad, armed and guarded by the British Fleet, would carry on the struggle until, in God's good time, the New World, with all its force and men, set forth to the liberation and rescue of the old world."

The Noble Sto[ry] of Calais

Given an hour to surren[der] 4,000 British and French tro[ops] ordered to hold Calais to the [last] spurned the demand to giv[e] and kept the German horde[s at] bay for four days.

Then silence fell on the por[t]. Thirty unwounded survi[vors] were taken off by the Navy.

This noble story of the he[roic] defence of Calais is told [on] page 3.

Pictures of th[e] Evacuation: Pages 8 & 9

[I]RONSIDES FOR [H]OME DEFENCE

[SM]ALL bodies of highly mobile and strongly-armed troops—to be called "Ironsides"—are being organised for home defence by [Gen]eral Sir Edmund Ironside, Commander-in-Chief, Home Forces. [Ther]e will be many hundreds of these formed from the Regular Army.

[Th]e War Office, announcing this [last] night, says that Sir Edmund has [sent] to each "Ironside" a copy of the [follo]wing saying by Oliver Crom[well]:

"[Y]our danger is as you have seen: truly I am sorry it is so great. [I] wish it to cause no despondency, [as tr]uly I think it will not: for we are [Engli]sh. It's no longer disputing [b]ut instantly all you can."

[Th]e name Ironside, first given to [Cro]mwell himself by Prince Rupert [after] the battle of Marston Moor in [1644] was later given to the troopers of [his] cavalry — those "God-fearing [men]" raised and trained by him in [ir]on discipline.

[It] traditionally implies great [brav]ery, strength or endurance

[40]0,000 Local [D]efence Volunteers

[Lo]rd Croft, Under-Secretary for [War], stated in the House of Lords [last] night that 400,000 had volun[teere]d for the L.D.V.

"It is no mere outlet of patriotic [em]otion that we are endeavouring [to] recruit," he said, "but a fighting [for]ce which may be at grips with [th]e enemy next week or even to-[mo]rrow."

254 DEAD IN PARIS RAID

Death-roll in Monday's Paris air raid was 254, of whom 195 were civilians and fifty-nine soldiers, says the Paris War Ministry. It adds: 652 were wounded—545 civilians, 107 soldiers

Twenty-five of the German bombers which took part in the raid were brought down.

MILITARY objectives in Munich, Frankfort-on-Main and the Ruhr were bombed by Allied warplanes as a reprisal for Monday's raid on Paris, the official Havas Agency announced last night.

A Berlin report yesterday stated that a "suburb of Munich" was bombed by an Allied plane, and eight people were killed. One bomb, it was stated hit a factory, causing much damage

R.A.F. fighters maintained offensive patrols throughout Monday and early yesterday in the Dunkirk area.

THAT proclamation of the unbreakable Allied will to fight on for freedom was made by Mr. Winston Churchill in his speech to the House of Commons yesterday — the greatest speech ever made by a Prime Minister of Britain.

Standing as the staunch embodiment of that will to fight, he declared:

"I have myself full confidence that if all do their duty, and if nothing is neglected, and the best arrangements made—as they are being made—we shall prove ourselves once again able to defend our island home

"We shall ride out the storms of war and outlive the menace of tyranny, if necessary for years."

A roar of cheers answered his superb, stark confidence.

"The British Empire and the French Republic, linked together in their cause and in their need, will defend to the death their native soil, aiding each other like good comrades to the utmost of their strength," said Mr. Churchill.

✦ ✦ ✦

These were other vital points in the Prime Minister's speech (the full report of which starts on page 3):

WE MUST EXPECT ANOTHER BLOW ALMOST IMMEDIATELY —EITHER AT FRANCE OR OURSELVES.

✦ ✦ ✦

We shall not be content with a defensive war. We shall build up the B.E.F. once again

✦ ✦ ✦

Meantime we must bring Britain's defences to the height of efficiency

✦ ✦ ✦

From Flanders 335,000 British and French soldiers were evacuated.

Our casualties were 30,000 dead, wounded and missing. The enemy's casualties were far heavier.